T0349424

Lo mío no es normal, pero lo tuyo tampoco

Lo mío no es normal, pero lo tuyo tampoco

La verdadera discapacidad es el miedo

David Rodríguez

VERGARA

Papel certificado por el Forest Stewardship Council®

Primera edición: noviembre de 2024

© 2024, David Rodríguez
© 2024, Penguin Random House Grupo Editorial, S.A.U.
Travessera de Gràcia, 47-49. 08021 Barcelona

Printed in Spain – Impreso en España

ISBN: 978-84-19820-60-0
Depósito legal: B-16.032-2024

Compuesto en Llibresimes, S. L.

Impreso en Romanyà Valls, S. A.
Capellades (Barcelona)

VE 20600

Índice

Introducción

Hola, me llamo David, tengo treinta años, según la sociedad soy discapacitado y podríamos decir que soy el fundador de la primera fundación del mundo, ojo, *cuidao*, la primera ¿eh?, que lucha contra la verdadera discapacidad del ser humano: EL MIEDO.

En otras palabras, mi propósito en la vida es cambiar el concepto negativo que se tiene de la discapacidad, demostrando que lo que realmente nos limita no es ni la forma de andar (si no has visto la mía, te diré que tengo un *flow* brutal), ni que falte un brazo, ni que falte un cromosoma: es el miedo, y eso, amigo, lo tenemos todos, tanto tú que me estas leyendo, como tu madre, tu primo y, sí, también ese conocido que preferirías que fuese menos conocido y al que intentas esquivar cada vez que te cruzas con él. Sí, ese también tiene una discapacidad.

Eso sí, quiero que quede clara una cosa para que no haya posibles malentendidos y tú y yo podamos ser amigos y quieras continuar la lectura de este libro. Este nuevo enfoque no busca huir, omitir o embellecer la discapacidad tal cual es, sino señalar el lugar donde realmente tenemos que buscar las respuestas, o, dicho de una manera más llana, lo que hace es poner el dedo en la llaga donde realmente duele: en el plano emocional.

Porque, efectivamente, la discapacidad tal como hoy la entendemos, existe, mis andares con *flow* existen, son reales, pero ese no es el problema. Aunque es bien cierto que fueron responsables de que me hiciera algún que otro chichón en la cabeza, tropezar y caer no fue el verdadero desafío. Con el tiempo, descubrí que la verdadera batalla no estaba ahí fuera, sino dentro de mí, en todos esos miedos a los que la discapacidad me enfrentaba y que no siempre supe manejar. El miedo a que se rieran de mí en el colegio, el miedo a no gustar nunca a nadie, el miedo a quedarme solo... ¡Miedos, miedos y más miedos! Y, amigo, tal como te decía antes, esto nos pasa a todos. Es cierto que a mí lo que me conectó con estos miedos fue la discapacidad, pero en tu caso puede ser la pérdida de un ser querido, un desamor, el trabajo o incluso la misma discapacidad, ya que todos nos hacemos mayores y no estamos exentos de esa posibilidad.

Llegados a este punto, espero que ya hayas captado la esencia de lo que viene. Pero si todavía tienes dudas, permíteme aclararte algo: este libro no seguirá el arquetipo de «chico con discapacidad supera sus límites y le demuestra al mundo que puede con». Para ese tipo de historias ya tienes ejemplos como los de El Langui, Álex Roca o Desirée Vila. Y, ojo, me parecen inspiradores y conozco en persona a algunos de ellos. Sin embargo, siento que muchas de estas historias actuales son como borradores de un best seller en potencia: repletos de ideas brillantes, pero con un gran espacio para profundizar y pulir.

Con todo, no quiero que pienses que voy a obviar el

tema de la superación personal. De hecho, compartiré mi historia contigo, pero no espero que al concluir te levantes emocionado y grites: «¡Menudo máquina! ¡Lucha por tus sueños, campeón!». A lo largo de estos capítulos verás que esa etapa de sentirme un superhéroe ya la he superado, y no busco aplausos. Mi deseo es más bien que al sumergirte en mis experiencias comprendas y experimentes por ti mismo, que, tal como te contaba al principio, en realidad el miedo es la mayor de las discapacidades, y que tú, por supuesto, también la sufres.

He de reconocer que al principio no pensaba que tú y yo viviéramos cosas parecidas; es más, me sentía aislado, como si existiera un abismo entre yo y el mundo. (A los quisquillosos de la ortografía os diré que sí, he escrito «yo» delante aposta, ya que en esos momentos no existía nada más que mi dolor y yo mismo). Naturalmente, por aquel entonces culpaba a la sociedad de no aceptarme tal y como era, y, como puedes imaginarte, arrastraba un resentimiento y un cabreo de la hostia; estaba muy, pero que muy enfadado. Por suerte, con el tiempo me fui dando cuenta de que era yo quien no se aceptaba a sí mismo. Es más, no era tan distinto como pensaba, pues existen más semejanzas entre tú y yo de lo que cabría suponer. Este entendimiento surgió cuando uní dos conceptos bastante distintos *a priori*: discapacidad y diferencia. Porque, ¿quién no se ha sentido rechazado alguna vez por vestir diferente, pensar diferente, actuar diferente o ser diferente sin más? Todos, ¿verdad? Pues la clave está en entender que tanto la discapacidad como cualquier otra cosa que nos haga sentir diferentes son reflejo de nuestros miedos internos. Por tanto, no se trata de evitarlos o de esconderlos, sino de aceptarlos y abrazarlos, ya que cuando esto ocurre, algo que inicialmente nos parecía una putada se acaba transformando en nuestra mayor virtud.

Y es justo ahí donde radica mi verdadera superación personal, en cómo deje de ser un idiota egoísta que no hacía nada por nadie y pensaba que el mundo giraba alrededor de su ombligo, a un idiota a secas (eso, como veis, no ha cambiado ni creo que cambie nunca), pero un idiota que desde entonces intenta que todo su esfuerzo valga para el mayor número de personas posible, y genere un gran cambio social.

En definitiva, un mundo donde las diferencias se celebren, los miedos se dejen a un lado y abracemos lo que verdaderamente somos: amor. Puede que esto haya sonado muy romántico y parezca salido de una agenda de mensajes cuquis, pero del mismo modo que decimos y aceptamos que el dinero mueve el mundo, estoy convencido de que el amor tiene el poder de transformar y mejorar cada rincón de nuestro planeta. Y sí, todos tenemos miedo, por supuesto, pero también tenemos amor, incluso más del que pensamos. Lo que pasa es que, a menudo, nuestros miedos nos empujan a ocultar ese amor para evitar que nos hagan daño si lo mostramos. Con este fin, y con esta idea en mente —dejar salir lo que verdaderamente somos— nació Fundación Pegasus.

David Pegasus

A lo largo de mis siete años como conferenciante hablando de miedos e inseguridades, he identificado una preocupación que surge una y otra vez: la profunda incertidumbre que sienten muchos al concluir esa «fábrica de churros» llamada sistema educativo.

En esta etapa, ocurre algo totalmente nuevo para ti, ya que por primera vez en tu vida te has de enfrentar al mundo por ti mismo. Que está muy bien, oye, pero no debemos olvidar que durante años hemos sido entrenados para todo lo contrario. Por un lado, está la sociedad, que nos moldea a su antojo con la intención de que sigamos la pautas que ella misma dicta para hacer de nosotros personas «normales» (atentos a este concepto, porque a partir de ahora saldrá mucho); por otro lado, tenemos a nuestras familias y amigos, que nos aconsejan sobre qué decisión tomar o qué camino es el más adecuado; aunque los mueva la mejor de las intenciones, estos consejos suelen estar condicionados por sus propios miedos. Y aún no te lo he dicho, pero ¿sabes cuáles son los miedos más peligrosos del mundo mundial? Dentro redoble... **los de los demás**, porque, a diferencia de los tuyos, no están bajo tu control.

Pues eso, que ahí estás tú: solo, acojonado y teniendo que tomar decisiones por ti mismo. Pero, claro, únicamente estas solo en el momento de decidir, porque para juzgar tus elecciones, no te preocupes que compañía no te va a faltar. A fin de no herir sensibilidades y que nadie se dé por aludido, vamos a asignar este papel a un personaje característico, superior y divino donde los haya, al que llamaremos «el sabedor de tó y de ná». Ahora bien, así entre tú y yo, ¿cuántas veces has juzgado a alguien, ¿eh, pillín? Yo mazo de veces, de hecho, creo que en las pocas páginas que llevo ya he juzgado a un par.

Dejando los juicios de lado, en esos momentos de indecisión, tu mente parece un disco rayado, repitiendo sin cesar estas tres preguntas: «¿Quién soy?», «¿hacia dónde voy» y «¿qué quiero?». Constantemente, una y otra vez.

Obviamente, vivir de esta manera genera mucho sufrimiento e insatisfacción. Y, en un intento de escapar, recurres a diversas distracciones: atracar el frigorífico, poner música a todo volumen, hacer deporte o visitar PornHub un rato. Tengo que reconocer que esta última estrategia es marca de la casa, literalmente mataba mi sufrimiento a pajas, pero eso te lo cuento luego. En definitiva, en esta etapa te mueves por mera inercia, dejándote llevar por las circunstancias del día a día, por tus impulsos emocionales y por los pensamientos de otros. Básicamente te conviertes en un piojo humano que va de pelo en pelo buscando únicamente la aceptación social y la felicidad.

Sin duda, yo también fui uno de esos «piojos». Y a todos aquellos que creen que ya han superado esa etapa de incertidumbre y desconcierto y confían en no volverla a vivir, les tengo reservado un gran *spoiler*: ¡Regresa! Y con más fuerza que nunca; es más, cuando vuelve, te quedas totalmente petrificado y sin saber qué hacer, porque en ese momento tu cabeza no es capaz de identificar la causa concreta de esa sensación. Y no sé si lo sabes, pero no hay cosa que más odie tu cerebro que dejar un problema sin resolver. Es más, me podría aventurar a decir que esa es la fuente de mayor frustración del ser humano: sufrir sin encontrar una explicación.

No sé vosotros, pero cuando volví a sentir esa insatisfacción, me di cuenta de que evidentemente la causa no radicaba en finalizar la etapa escolar. En realidad, había un motivo mucho más profundo que nos ha estado limitando desde hace tiempo. Fue entonces cuando empecé a identificar y a ponerle nombre a uno de los grandes miedos del ser humano: **el miedo al rechazo.** Pero, como ya he adelantado, te hablaré de esto más adelante.

También es cierto que tengo que confesaros algo: yo fui un afortunado, ya que ese sentimiento posformación me duró bastante poco, y es que, por suerte o por desgracia, con tan solo veintiún años Pegasus apareció en mi vida, definiendo lo que hasta el día de hoy ha sido mi camino, mi propósito, que no es otro que hacer un mundo mejor.

¡Sí, soy un romántico, lo sé!

Eso sí, no creáis que Pegasus apareció de forma progresiva, ni que fue benevolente con mi inmadurez de aquel momento y las limitadas herramientas emocionales que poseía. No, no. Entró en mi vida como un auténtico elefante en una cacharrería, le dio tal hostia que me la desmontó de un plumazo, y todo esto en una milésima de segundo. Cuando quise darme cuenta, el proyecto ya contaba con más de cien familias, habíamos salido en la tele y nos reuníamos con marcas como Coca Cola, Spartan Race o Schweppes. ¡Una locura!

Todo esto fue tan repentino como cuando sientes que el estómago te da un giro de 180 grados y te entra una necesidad imperiosa de ir al baño, obligándote a salir corriendo para evitar un desastre en los pantalones. Te suena, ¿no? Pues Pegasus entró exactamente igual. Por cierto, ya que he utilizado este símil tan adecuado para la historia, quiero contarte que, en mi caso, el asunto adquiere cierto matiz más dramático. Mira que no me gusta inflar mis esfuerzos, pero en esta situación la realidad habla por sí sola: de por sí, mis «andares» no destacan por su velocidad. Pero si a eso le sumas la espasticidad repentina que me entra en todo el cuerpo con el fin de retener la inminente fuga, hace que mi marcha se asemeje a esa escena de *Jumanji* donde cientos de animales enloquecidos irrumpen en el salón. Imagina eso, pero en cámara lenta, haciendo que retumbe todo a mi alrededor. A esto solo queda añadirle mis aspavientos y mis desesperados gritos de «¡me cago, me cago!». Vamos, una estampa maravillosa y la mar de divertida para aquellos que la ven, pero te aseguro que para quien la vive es una experiencia más bien traumática y que no siempre acaba en buen puerto, no sé si me entiendes. Guiño, guiño.

Aprovecho esta dramática escena para deciros que este libro no solo intentará desafiar tus creencias y tus ideas preconcebidas, sino que también te proporcionará momentos para las risas en los que te contaré situaciones un tanto surrealistas, como aquel día que perdí el bus y tuve que cagar en una maceta, el día que me hablaron lento porque pensaban que mi cabeza iba como mis piernas, o el día en que una dulce señora me dio un euro pensando que estaba pidiendo en el metro. ¡Fantasía pura!

Retomando el tema, Pegasus llegó, muy pronto y sin manual de instrucciones. De hecho, de aquellas personas que presenciaron conmigo este parto, pocas fueron capaces de captar la verdadera magnitud del proyecto, o al menos de lo que aspiraba a ser. Y no los culpo, por aquel entonces mi cabeza era un auténtico revoltijo de ideas y conceptos tan ambiciosos que parecían sacados de una novela de fantasía o de ciencia ficción.

Recuerdo como si fuera ayer la cara del primer funcionario al que le presenté el «Proyecto Pegasus»: un poema. Me presenté con un documento en Word, escueto y bastante feo, en el que básicamente le decía que quería cambiar el mundo a través del deporte y que me diera una piscina. ¿Queréis saber el resultado? No me dio la piscina, evidentemente. Pero me dio algo mucho más valioso para mi yo de aquel entonces: un «NO puedes». Esto, para alguien a quien llevaban entrenando toda la vida para superar los «tú no puedes» y los «esto es así porque sí», fue el chispazo que necesitaba para llevar el proyecto a la realidad.

Siempre que reflexiono sobre este suceso y otros que ocurrieron en aquella época, me pregunto qué habría pasado si se me hubieran puesto las cosas fáciles. Sinceramente, creo que no estaría escribiendo estas líneas, y desde luego, Pegasus no existiría, o al menos no tendría la ambición que tiene ahora. Pero bueno, eso es otro cantar.

Independiente de lo joven e inexperto que era, y de la ambición y profundidad emocional que el proyecto tenía de forma intrínseca, todo lo que se planteó en esos momentos no era tan descabellado. Simplemente, había que verlo con un prisma diferente al que predominaba en aquella época pre-COVID, en torno a 2017. Y remarco lo del COVID porque, aunque pueda sonar mal, la aparición del virus permitió que Pegasus floreciera, ya que introdujo un concepto en nuestro paradigma social que estaba bastante anulado: el concepto del cambio.

Por aquel entonces, cualquier cambio era visto como un sobreesfuerzo, un escollo en el camino y un potencial riesgo que nadie quería asumir. En definitiva, el cambio daba... MIEDO. Y ese miedo era el responsable de la mayoría de los «noes» que siguieron. De hecho, la frase con la que más tenía que lidiar en aquel momento era: «David, muy bonito, pero las cosas son así y no se pueden cambiar». Como ya os he contado antes, esa frase para mí era como un «NO HAY HUEVOS» para un heteromachito: me incitaba a demostrarles que estaban equivocados.

En este punto quiero deciros algo que quizá os sorprenda o contraste con la percepción actual que se tiene de la entidad: ¡Pegasus NO es una fundación de discapacitados! Repito: ¡Pegasus NO es una fundación de discapacitados!

Si bien es cierto que propone una revolución directa en el sector de la discapacidad, a través de medidas como la eliminación del uso de voluntarios o donativos y la ruptura total con el enfoque clínico que trata la discapacidad como una enfermedad que debe ser curada, su alcance va mucho más allá.

Pegasus aspira a generar un movimiento de acceso universal inédito en el mundo, que unifique todas las luchas por la igualdad e inclusión de sectores discriminados, como son las mujeres o el colectivo LGBT entre otros. Eso sí, pretende hacerlo de una manera diferente, evitando caer en prácticas paternalistas o en la discriminación positiva como herramientas para empoderar a estos sectores, ya que estas acciones pueden incrementar la separación social. Un ejemplo de ello puede observarse en la actual distorsión del feminismo, que, en lugar de unir, ha polarizado mucho más la sociedad.

Pegasus, en cambio, sostiene que lo que hay que empoderar es lo que nos une. ¿Y qué nos une? ¿Que yo tengo una discapacidad y tú no? ¿Que yo soy hombre y tú mujer? NO. Lo que nos une es que todos somos humanos y que todos somos diferentes. Además, introduce un diferenciador clave, ya que señala el miedo como el verdadero culpable de la discriminación, no a la sociedad en sí. Esto conlleva una responsabilidad personal, y nos muestra que el trabajo no consiste en cambiar la sociedad para que nos acepte, sino en aceptarnos a nosotros mismos con nuestras diferencias, lo cual, finalmente, también nos permitirá aceptar las diferencias de los demás.

Dejando esto a un lado y volviendo a esos inicios de aquel ya lejano 2017, hay que decir que la creación de Pegasus trajo consigo el alumbramiento de algo incluso más grande que la misma entidad, ya que dio lugar a la aparición de diferentes facetas psicológicas que configuraron y determinaron mi personalidad. Estas facetas no son otras que «el David conferenciante», que cautivaba a la audiencia con sus inspiradoras historias; «el David *influencer*», que acumulaba miles de «me gusta» en sus publicaciones; o «el David emprendedor social», que representaba un ejemplo de superación, pasión y altruismo. Juntos, conforman lo que yo denomino el «DAVID PEGASUS», la viva encarnación de lo que significa ser consumido y transformado por una misión tan poderosa y ambiciosa como la de la Fundación Pegasus.

Y esta sin lugar a duda sí que es mi mayor creación, y la más autodestructiva de todas con diferencia. Porque a partir de ese momento, todas mis energías girarán en torno a un único fin: **ser querido y aceptado por todos**. Y es que, aunque os choque, el origen de la creación de Pegasus no fue ni mucho menos el amor incondicional —que, aunque escondido, algo había, por supuesto—. En realidad, buscaba construir un mundo donde David fuese aceptado y querido; o, en otras palabras, quería buscar la validación de los demás para conseguir de esta forma la validación de mi familia, de mis padres.

Esta creación no fue fruto del azar, ni mucho menos; emergió como la materialización física de una fantasía profundamente arraigada en mí. Esta se originó en los rincones más inocentes de mi más tierna infancia. Y es que, cuando era niño y me aburría durante aquellos interminables y recurrentes viajes al fisio o al médico de turno, me evadía de esa realidad sumergiéndome en un mundo imaginario donde yo era el encargado de repeler las fuerzas del mal convirtiéndome en su único e indiscutible héroe. En algunas de mis aventuras imaginarias asumía el papel de Anakin Skywalker, empuñando su sable láser para rescatar a la princesa Leia de las garras del Imperio. Otras veces, me veía como el hijo de Lobezno, defendiendo con pasión el lugar de los mutantes (los diferentes) en el mundo. Y en ocasiones me transformaba en una versión madrileña de nuestro entrañable amigo Spiderman, balanceándome entre los edificios de la ciudad. Independientemente del traje que me tocara llevar, había una constante común en cada una de estas fantasías: una familia imaginaria que me amaba de manera incondicional y elogiaba cada una de mis hazañas... ¿os suena? Mucha coincidencia para ser casualidad, ¿no?

Os juro que cuando me di cuenta de lo que había, mi cabeza estalló literalmente. Por primera vez percibí que, por mucho que adornase la realidad, mi propósito no era tan social y altruista como parecía. En realidad, estaba casi completamente dominado por el ego, y lo único que buscaba era ganarme el amor de los demás. Sin duda, se trataba de una herramienta maravillosa del ego, cuyo único objetivo era evitar el sufrimiento que padecía por el simple hecho de sentirme diferente. Y aunque es cierto que, en este caso, la acción que emprendía, montar una fundación, aportaba un bien al mundo, no dejaba de estar controlada por la mente y, por tanto, por el FU**** MIEDO. ¿Qué habría pasado si no me hubiera sentido validado por los demás? ¿Seguiría dirigiendo Pegasus? ¡Probablemente no!

Estoy prácticamente seguro de que en este momento

debes de estar alucinando, tu expresión facial debe de ser parecida a la cara que se le queda a la gente cuando me pregunta si me he hecho un esguince y les respondo que no, que mi *flow* es de fábrica, pero la verdad es que todo lo que te he contado es completamente real. Además, si ahora te pusiera en un aprieto y te preguntara: ¿existe algo en la vida que no hagas bajo la influencia, aunque sea mínima, de los demás?, ¿qué crees que me responderías? ¿Podrías encontrar algo? Complicado, ¿eh?

Como te comenté al principio, llevo años dando charlas, y en un momento dado de ellas hablo de la aceptación personal y de los complejos. Ahí les explico a los participantes que, al igual que con los miedos, para superar un complejo lo primero que tenemos que hacer es reconocerlo y compartirlo, de modo que, como puedes imaginarte, he escuchado de todo, desde quien se sentía acomplejado/a por tener el culo caído, quien lo hacía por sus manos, sus dientes o sus pechos, ya fuera por exceso o por defecto... Vamos, que había de todos los colores, tamaños y formas. Como habrás observado, mucho sentido no tiene, pero lo que sí te puedo decir es que todos ellos tienen algo en común, y es que todos los complejos que experimentamos en la vida surgen únicamente porque no encajamos en el canon de normalidad que hemos establecido como sociedad. Y da igual si te quedas corto, te pasas o incluso lo cumples, en el momento en que te desvías un poco de dicho canon, aunque sea un milímetro, automáticamente entra algo en ti que te jode la vida literalmente; y sí, en efecto, es otro tipo de miedo. Ha llegado el momento de presentarte a EL MIEDO A NO CUMPLIR LAS EXPECTATIVAS QUE OTROS TE MARCAN, o, en otras palabras, **el miedo a ser juzgado**.

¿Y por qué te cuento todo esto de los complejos, si estábamos preguntándonos si hay algo en la vida que no hagamos por aceptación social? Pues muy fácil, pero para explicártelo te tengo que contar mi vida, que pa eso también es este libro, pa desahogarme un rato.

Por supuesto, yo también he tenido mis propios complejos, pero te puedo asegurar que no tenían nada que ver con mis piernas. Por ejemplo, uno de ellos fue mi tremenda cabeza. ¡Tengo un cabezón de la hostia!, no me entran ni las gorras. Pensarás que es una tontería, pero en mi época éramos muy «pokeros» y, claro, las gorras eran un elemento clave del estilismo que no podía lucir. Por otro lado, estaba el tema de la frente, que, la verdad, duró poco, porque eso de cortarse la frente con los dedos se acabó cuando se me cayó el pelo y mi frente se convirtió en una «frente-espalda» que me llega, vamos, ¡hasta el culo! Y, por supuesto, el complejo más grande sin duda fue el del pelo, que encima vino así como repentino: con dieciocho me levanté un día por la mañana y vi la almohada llena de pelos, parecía Chewbacca, el de *Star Wars*, a partir de entonces ya no volvió a ser lo mismo. Así que, sí, en cuanto a complejos, he tenido unos cuantos, incluso tuve uno muy curioso: como estoy hecho de manera peculiar, tengo una oreja más grande que la otra. Una es mía y la otra parece de mi primo. Si no te lo crees, ve a mi Instagram y fíjate en cualquier foto, vas a flipar, lo tengo todo papi.

Por cierto, a modo de paréntesis, ¿sabes qué otra parte del cuerpo tenemos más grande que otra? (Mirada picarona). ¡Efectivamente, los huevos! Bueno, y los senos, pero de eso no tengo, la verdad es que esto que os comento no sé a qué se debe, pero el otro día vi en un estudio científico que lo de los testículos es para que, cuando caminamos, no nos choquen el uno con el otro. Y hasta aquí mi anécdota de hoy.

Bueno, realmente todo esto era para contextualizar un poco, porque lo que de verdad quería contaros es cómo superé el complejo del pelo. Os puedo asegurar que no lo pasé nada bien. Al principio es cierto que intentaba disimularlo y me pasaba horas frente al espejo colocándome los pelos uno a uno para tapar las entradas y salidas que ya tenía, y evidentemente perdía mucho tiempo para que luego cualquier brisa me despeinara. Así que un día dije: «Mira, me rapo, voy a la discoteca y si ligo, pues genial».

Y allá que fui, me armé de valor, me rapé y me presenté en la discoteca. Pues, amigos, os tengo que decir que esa noche tuve éxito, ¡salí acompañado! Y a partir de ese día nunca más volví a tener complejo con el pelo. ¡Increíble, ¿eh?!

Y ahora mi pregunta es la siguiente: ¿te parece bien cómo lo superé? ¿Eso es superarlo realmente? ¿Qué hubiera pasado si esa noche no ligo? ¿Seguiría teniendo complejo?

A estas preguntas suelen responderme de diversas maneras: algunos me dicen que soy un máquina por superar así los complejos, pero la respuesta que realmente importa es que si no hubiera ligado esa noche, no habría aceptado mi complejo...

Y sí, es un poco triste, pero lo superé a través de la validación de los demás. Si te detuvieras por un segundo a analizar los complejos que yo tenía, los que te he mostrado de otros, o incluso los tuyos propios, te darías cuenta de que, como ya te anticipé, todos se basan en que no encajamos en lo que la sociedad ha etiquetado como NORMAL. Y por eso nos pasamos la vida buscando la aceptación en millones de cosas con el objetivo de que alguien nos acepte tal y como somos. Lo que ocurre es que, para lograrlo, intentamos alterar nuestra realidad a fin de ser aceptados y que se nos considere «normales».

Entonces, si volvemos a la pregunta que originó toda esta reflexión y la leemos de nuevo —¿existe algo en la vida que no hagas bajo la influencia, aunque sea mínima, de los demás?—, ¿me contestarías lo mismo?

No sé si te he arruinado la tarde o simplemente he reafirmado algo que ya sabías, pero todos, absolutamente todos, incluso los que nos dedicamos de manera directa a lo social, realmente lo hacemos para obtener la aceptación que no hemos encontrado en casa, en el colegio o en la sociedad en general. Sé de corazón que aceptar esto es difícil, pero hacerlo y ser consciente de ello es tomar el control. Ahora que sabes esto, podrás transformarlo, reduciendo el porcentaje de ego y aumentando el de amor. Porque, sí, en el origen de Pegasus había mucho ego, pero también amor, y siempre lo digo de corazón: el AMOR puede y debe ganar al MIEDO.

Precisamente de esto trata este libro, de todo el proceso que he vivido y vivo para restarle un poco de mente a todo lo que hago y sacar lo que yo llamo ¡LOVE del BUENO! Por eso voy a dividirlo en tres partes: en la primera te contaré mi infancia, el origen de cómo pienso y actúo; en la segunda parte te contaré cómo se creó ese David Pegasus que antes te he mencionado y cómo me di cuenta de que esos personajes, más que ayudarme, iban en mi contra; y, por último, te contaré el final, el asesinato, es decir, cómo maté y diluí a ese personaje y cómo por primera vez me dejé sentir y ser tal y como soy. Eso sí, ni se te ocurra preguntarme quién soy porque me lío y no avanzo.

Así que, bienvenido a mi mundo, bienvenido al *FLOW*.

Esta historia está basada en hechos reales. Algunos even-
tos, personajes y cronologías han podido ser modificados
por mi mente y mi memoria con fines puramente dramá-
ticos y ególatras; si eres es uno de los agraviados y te ha
dolido... ESCARBA. Seguro que podrás extraer grandes
enseñanzas de ello.

PRIMERA PARTE

El origen del *Flow*

1

Mi madre

—David, tu verdadera discapacidad no está en tus piernas. ¡No! Está... —pausa dramática 1—... en tu cabeza. Eres... —pausa dramática 2—... ¡SUBNORMAL!

Con esta fulminante y contundente frase, presento a la que posiblemente es la coprotagonista de este libro: mi madre, también conocida como «la Luci». Antes de proseguir con ella, es importante señalar que su sobrenombre no proviene de que se llame Lucía —de hecho, su nombre es Ana María—, sino que el origen real de este mote es... Lucifer, 666, el *fucking* diablo.

Por supuesto, el *copyright* de este mote es mío, así que, por favor, no lo utilices para tu suegra, nuera, ni, por supuesto, para tu madre, que luego me escriben por Instagram preguntándome qué diablos les he enseñado a sus hijos.

Para aquellos que estén pensando que soy un auténtico cabrón por ponerle este curioso apodo a mi querida madre, he de decir en mi defensa que, además de que era joven y alocado cuando le otorgué este ingenioso alias, la mujer se lo ganó a pulso. De hecho, le venía como anillo al dedo. Y para que veáis que no exagero, os voy a contar la siguiente anécdota:

Una práctica común entre los jóvenes de cualquier generación y país es aprovechar las salidas de sus padres para montar un buen fiestón. Es cierto que, en ese aspecto, Estados Unidos siempre nos ha llevado ventaja, pero puedo asegurar que las *raves* que organizábamos en mi casa con mis amigos no tenían nada que envidiarles, o al menos así lo sentíamos nosotros.

Resulta que, para bien o para mal, tenía un gato llamado MAU I (aunque por aquel entonces nadie sabía que tendría un sucesor), y, en una de esas fiestas, el descarado felino de todos los demonios decidió escaparse y aguarnos la noche. Evidentemente, su huida desencadenó un auténtico drama familiar: mi madre se puso hecha una furia y estuve castigado durante meses.

Cuando la tormenta pareció amainar y el incidente pasó a un segundo plano, o eso creía yo, tuvo lugar esta interesante y curiosa conversación (a efectos dramáticos, quisiera destacar que se produjo mientras disfrutaba de mi preciado ColaCao en la tranquilidad de mi cocina).

Luci: ¡Ya sé qué pasó con el gato!

Yo: ¿En serio? ¿Lo habéis encontrado?

Luci (con un tono de voz serio y condescendiente, muy segura de sí misma): ¡Tus amigos y tú lo habéis vendido a cambio de MARIHUANA!

Os juro que al escuchar aquello casi me atraganto con el ColaCao. Y no solo por lo absurdo de la acusación, sino porque lo decía completamente en serio. De hecho, me sostuvo la mirada con la esperanza de que me quebrara y acabase confesando. Evidentemente, no sucumbí a su intensidad y le respondí:

Yo: Madre, ¿de verdad crees que si hubiera un mercado ilegal de gatos a cambio de marihuana, quedaría algún gato en los alrededores? ¡Vamos, mis amigos se reunirían para cazar gatos todos los días!

Debo mencionar que este ejemplo que os he puesto es solo uno entre muchos. Es más, también recuerdo una vez que se le ocurrió decir que yo no era relaciones públicas de discoteca y que lo que hacía realmente era vender estramonio: un cardo alucinógeno cuyo consumo se hizo famoso entre los jóvenes allá por 2013 y que incluso causó alguna que otra muerte. En resumen, Luci es inigualable y este apodo le sienta a la perfección. ¡Menuda personaja, eh! ¡Ja, ja!

Como habréis observado, no puede negarse que mi madre tenía un carácter fuerte y era bastante bruta.

Ahora bien, si retomamos la frase con la que comenzaba este capítulo y la examinamos detenidamente, nos percataremos de que mi madre, en realidad, era un auténtico genio:

David, tu verdadera discapacidad no reside en tus piernas. ¡No! Está... —pausa dramática 1— ... en tu cabeza. Eres... —pausa dramática 2— ... ¡un subnormal!

¿Por qué digo que mi madre es un genio? Porque con esa afirmación, sin percatarse, marcó mi vida de una manera maravillosa y fundamental. Fue la primera persona en el mundo que desvió la atención de mis piernas como causa del «problema» y apuntó al verdadero origen de todo mi sufrimiento: mi mente. Por tanto, con esta frase sentó las bases de lo que hoy conocemos como la piedra angular de la filosofía Pegasus: el MIEDO, la mayor discapacidad del ser humano.

Evidentemente, no tengo ni que decir que mi yo de doce años no entendió, ni por asomo, ni el cinco por ciento de la profundidad que dicha frase encerraba. Más bien, simplemente se quedó con la idea de que su madre era «bruta de cojines».

Esta afición a lanzarme frases filosóficas a temprana edad que apenas lograba entender no fue una experiencia aislada; de hecho, años después, me sucedió algo similar con mi profesora de inglés. Recuerdo que fui a su despacho para ver los resultados de los exámenes de recuperación, y mientras veía mi nota, un 4, tuvo lugar la siguiente conversación:

—Profesora de inglés: David, tengo que decirte algo: no vas a aprender inglés en tu p*** vida, pero quiero que sepas que tienes ESTRELLA, y vas a hacer cosas muy grandes en la vida.

David preadolescente (silencio dramático y meditabundo): ¿Y... qué hago yo con esa estrella? ¿Se puede canjear por un aprobado? Porque mi madre me va a echar la bronca igualmente, con estrella y sin estrella.

Y sí, la profesora acertó de lleno. No conseguí avanzar más allá del «*yes, I do*» durante todo mi periplo escolar. Pero también tuvo razón en algo aún más significativo: en destacar que había algo especial en mí, más allá de mis piernas. Sin embargo, al igual que con la frase de mi madre, no fui capaz de entenderlo en ese momento, ya que, en aquella etapa de mi vida, para mí todo giraba en torno a mi «discapacidad» y al concepto negativo que dicha etiqueta transmitía por sí misma.

Este concepto negativo y excluyente que conlleva el término «discapacidad» marcó sin duda mi relación con el mundo, conmigo mismo y, por supuesto, con mi madre. Y ya os adelanto que la relación con ella no fue nada fácil, ni para mí ni, por supuesto, para ella. Eso se debe a que la visión de ambos sobre la discapacidad y, en un sentido más amplio, sobre la vida en general, eran totalmente opuestas.

Por un lado, yo veía mi discapacidad como una simple característica más, al igual que se es rubio o moreno; vamos, que para mí era «lo normal», y además yo tenía una visión optimista y bondadosa del mundo, creía firmemente que todas las personas, independientemente de sus actos, eran buenas y nunca me harían daño. Sin embargo, para mi madre era todo lo contrario, ella veía mi discapacidad como **algo de lo que tenía que protegerme, un problema que debía resolver** y contemplaba el mundo desde un prisma teñido de miedos y tristezas, convencida de que la gente era peligrosa y podría causarme algún daño.

Este choque de realidades y perspectivas tan distintas, o como yo lo llamo, mi yin y yang particular, generó en mí una dualidad y una disonancia cognitiva que incluso hoy en día sigue persiguiéndome. No sé si eso se debe a la gran velocidad de mis piernas (nótese la ironía), que hace que siempre me pille el toro, o a la gran carga emocional que esta confrontación ha supuesto y sigue suponiendo para mí. Porque, si bien es cierto que este enfoque de la discapacidad como un problema era general en la sociedad, en mi caso estaba representado y abanderado por la figura de mayor importancia para un niño: su madre. Evidentemente, eso me causaba un dolor inmenso, tan intenso que, con el tiempo y debido a que carecía de herramientas emocionales, terminé alejándome de ella, y hasta llegué **a pensar y a sentir que no quería a mis padres.**

Sé que para la persona que esté leyendo estas líneas,

especialmente si es una madre o un padre, el hecho de que un hijo exprese abiertamente su falta de amor hacia sus progenitores podría resultar difícil de asimilar, e incluso provocarle un fuerte nudo en la garganta. Sin embargo, aunque suene impactante, debo confesar que durante una buena parte de mi vida el afecto que sentí hacia ellos fue exactamente 0.

Sin lugar a dudas, este bloqueo emocional hacia mis figuras de referencia generó en mí infinidad de conductas que, en su conjunto, levantaron un sólido sistema defensivo, o, en otras palabras, aquel: «¡un mecanismo de defensa ancestral!».

En mi caso, este mecanismo ancestral no residía en las paredes de mis glúteos, y ya les adelanto que, para mí, el vicio nunca tuvo tabúes. Es más, uno de los momentos más divertidos que suelo experimentar en mis charlas es cuando le digo a algún pobre «hetero-machito» que abra la mente y luego el culo.

Bromas aparte, siguiendo con lo que decía, desde luego este sistema no se encontraba en mi parte trasera, sino un poco más arriba: en **mi corazón**, que impidió entrar a nadie hasta muchos años después.

Debo admitir que, durante mi niñez, este sistema resultó ser justo lo que necesitaba, ya que me permitió navegar sin muchos contratiempos por las profundas y salvajes aguas que representaban tanto el instituto como la sociedad en su conjunto. Sin embargo, a medida que fui cumpliendo años, esta cerrazón, lejos de facilitarme las cosas, me complicó la vida de las formas más insospechadas, y mi comportamiento durante mi etapa de adulto o de «semiadulto», no sé cómo clasificarla, resultó ser bastante disfuncional. Para que entendáis por qué cuestiono mi propia madurez, adjunto una foto de este preciso momento, y así podréis juzgar por vosotros mismos.

Yo escribiendo estas líneas tal día como hoy (1 de noviembre de 2023).

Sé que después de mostraros mi precioso pijama de Baby Yoda, pediros que volvamos a centrar la atención en la protagonista de esta historia, mi madre, quizá sea difícil y vuestras mentes solo puedan pensar en una cosa: visitar Shein (o Chein para los amigos) y comprarse uno. Pero tranquilos, que de Chein también se sale.

Comprendiendo la otra cara de la moneda

Para poder comprender y abrazar en mayor profundidad y de una manera más compasiva la relación con mi madre, quiero y debo brindaros un poco de contexto sobre las circunstancias en las que vine al mundo y, por supuesto, sobre el viaje personal que mi querida madre tuvo que emprender ante mi «sorpresiva» aparición. Y lo de sorpresiva no lo digo porque no fuera un hijo deseado, que lo fui, y mucho, sino porque, como suele suceder con todos las cosas de la vida, nuestras expectativas rara vez se alinean con la realidad, y, claro, mi llegada a este mundo no fue para nada como ella se había imaginado; es más, podríamos decir que vine en él con el pie izquierdo.

También es cierto que al principio nadie se fijó en qué pie empleé para entrar en el mundo. Es más, mientras escribo esto, me acabo de dar cuenta de que esos debieron de ser los únicos meses de mi vida durante los cuales mis pies no fueron los protagonistas. Pero, claro, eso duró muy poco, y esta dulce e inocente etapa acabó como empezaron otras años después, con una simple y casual COMPARACIÓN.

El caso es que, siendo yo un bebé rollizo de aproximadamente seis meses, y hallándome plácidamente repanchingado en mi acogedora y cómoda cuna, trajeron a otro bebé de una edad similar a la mía. Al colocarnos uno al lado del otro, se dieron cuenta de que había algo que nos hacía muy diferentes.

La verdad es que no les llamó la atención la notable disparidad estética que había entre ambos; y permitidme decir que no es que yo fuera especialmente guapo, que también, sino que el otro pobre bebé era más feo que Picio. Y ojo, se habla bien poco de lo complicado que es ser feo en esta sociedad. De hecho, creo que los feos lo tienen incluso más jodido que a quienes nos ha tocado vivir con la etiqueta de la discapacidad, ya que no cuentan ni con una triste asociación que luche por sus derechos. Pero bueno, ese es otro tema que no nos atañe ahora.

Dejando el canon de belleza a un lado, lo que a ellos realmente les llamó la atención fue que mis movimientos eran mucho más torpes y lentos que los del otro. Este asunto preocupó bastante a mis padres, hasta el punto de llevarme derechito a la consulta del médico. Podríamos decir que aquel lugar, con sus cuatro paredes embadurnadas de gotelé, marcaría mi vida para siempre con una simple y demoledora frase.

La frase:
«Su hijo tiene una DISCAPACIDAD y no va a caminar,
ni a hablar nunca, posiblemente sea un vegetal.
Váyanse haciendo a la idea».

Entiendo que, muchos de vosotros, al leer estas palabras os sentiréis transportados de cabeza a vuestras particulares cuatro paredes de gotelé, donde recibisteis el primer diagnóstico de vuestros hijos.

Yo, evidentemente, no tengo recuerdo alguno de ese instante y, aunque pueda parecer extraño, fui un mero actor secundario de aquel episodio. No obstante, debido a las incontables ocasiones en las que mi madre ha recurrido a este momento traumático para alabar «nuestra», «su», superación personal, y teniendo en cuenta las innumerables historias que he escuchado parecidas a esta a lo largo de mi aventura con Pegasus, puedo llegar a comprender el increíble dolor que se siente en ese preciso instante, un dolor que es el verdadero protagonista de esta historia. Porque, seamos sinceros, oír esas palabras de la persona que teóricamente os tiene que dar la solución que andáis buscando, vuestro médico, debe vivirse como una auténtica puñalada en el corazón.

Antes de proseguir con esta historia y describir los desencadenantes que aquella escueta pero fulminante frase provocó en mi persona, quiero que retrocedamos casi al siglo pasado, cuando mi madre vino al mundo, para que así podamos entender de una forma más concreta y precisa lo que aquel día, en la consulta del médico, se rompió y, a la vez, lo que despertó en ella.

Mi madre nació en un pueblecito de la Comunidad de Madrid allá por el año 1966. Pertenecía a una familia humilde y trabajadora del campo, cosa que, evidentemente, marcaría sus ideales políticos y los teñiría de un marcado color rojizo. Quizá penséis que este dato es irrelevante en mi historia, pero, como veréis a lo largo del libro, este matiz tuvo una significativa influencia en mí, y ya os adelanto que no de la forma que os debéis de estar pensando. De hecho, a modo de *spoiler*, os puedo decir que, años después, acabé en las listas de un partido político; el CONTRARIO, lo cual casi me puso las maletas en la puerta de casa e hizo que mi madre estuviera puntito de desterrarme de forma fulminante.

Nunca olvidaré el día que, por gastarle una broma, le empapelé la cocina con unos carteles DIN A2 animando a votar a un partido que digamos que no entraba entre sus favoritos. Tendríais que haberle visto la cara; se puso como loca. Eso sí, antes de que vuestras mentes me etiqueten políticamente, debo decir en mi defensa que mis ideales nunca tuvieron un color determinado, aunque es cierto que siempre tuve claro que para cambiar el mundo había que hacer política, porque, nos guste o no, todos somos política.

Retomando la historia de mi ſmadre y dejando mi periplo político para capítulos posteriores, quiero destacar un episodio fundamental que marcaría la personalidad de mi madre para siempre.

Siendo aún muy joven, con tan solo dieciocho o veinte años, tuvo que enfrentarse a uno de los momentos más duros que pueda experimentar una persona en su vida: la pérdida de sus padres. Esta fue muy repentina, pues vino de la mano del cáncer, que se llevó primero a su padre, y poco después a su madre. En mi opinión, y aunque pueda sonar extraño, este doloroso capítulo no creo que fuera lo que realmente marcó a mi madre, sino todo lo que se desencadenó después.

El caso es que, tras este suceso, el apoyo que recibió de gran parte de su familia directa no fue el que ella esperaba, o el que una «niña» de dieciocho o veinte años necesitaba en tal situación. Aquello sin duda debió de generarle un inmenso sentimiento de soledad y abandono, que forjaría a fuego lento esa intensa rabia y ese miedo social crónico que caracterizan en lo más profundo su personalidad. **Este mecanismo emocional se convirtió en su principal escudo defensivo**, gracias al cual repelía cualquier situación que pudiera conectarla de nuevo con ese gran dolor que debió de experimentar durante aquellos momentos tan difíciles.

Como todo buen escudo, tenía sus puntos débiles. Porque, aunque no lo creáis, por muy avanzada que esté la sociedad, nunca hemos creado un escudo infalible, y a pesar de estar fabricados con las mejores maderas o forjados con los mejores metales, siempre han tenido un uso limitado y nunca han resultado eficaces en todos los contextos.

De modo que, tal como le pasaría a un vikingo del siglo VIII que tratara de defenderse de los disparos de un AK-47, mi madre salió bastante escaldada del misil en forma de frase que le lanzó el médico cuando diagnóstico mi discapacidad; por si se os ha olvidado, os la rescato a continuación y proseguiré esta historia a partir de ella:

«Su hijo tiene una DISCAPACIDAD y no va a caminar, ni a hablar nunca, posiblemente sea un vegetal. Váyanse haciendo a la idea».

2

El origen del duelo: el diagnóstico

Como en toda bomba de destrucción masiva, su implosión se divide en diferentes fases. La primera está caracterizada por un silencio abrumador, un vacío sonoro que, aunque efímero en el tiempo, se estira en la mente y se percibe como si fueran horas. Esta fase sirve como preámbulo a la segunda y última fase, sin duda la más destructiva de todas: el estallido. Y aunque parezca contradictorio, lo más destructivo de esta fase no es la explosión como tal, sino la onda expansiva que esta genera, la cual se despliega con una autoridad inquebrantable, barriendo cualquier ápice de vida que encuentre en su camino.

Para que os hagáis una idea del poder de devastación que tiene una bomba de tal calibre, quiero ilustraros con uno de los ejemplos más famosos en la historia de nuestro planeta: el impacto del asteroide que aniquiló a Piecito y compañía (si eres Z y no entiendes esta alusión, por favor mírate *En busca del valle encantado*, me lo agradecerás eternamente), y que además de eliminar a esta famosa cuadrilla de amigos, arrasó con más del setenta por ciento de la vida que existía en aquel momento. Y sí, ya sé que no es una bomba en el sentido estricto de la palabra, pero nos sirve para comprender la magnitud del poder destructivo que puede tener una explosión, sea cual sea la causa.

Esta exhibición cultural, más allá de servirme para poder dármelas de erudito, tiene como principal finalidad ilustrar de la manera más gráfica, estructurada y objetiva posible la realidad interna, tanto mental como emocional, que experimentan unos padres al recibir la noticia de que su hij@ tiene algún tipo de discapacidad.

Me imagino que, si estáis leyendo este libro, existe una alta probabilidad de que tengáis algún vínculo directo con la discapacidad, incluso que lo que estoy a punto de contaros ya lo hayáis vivido de manera directa y os haga rememorar uno de los momentos más amargos y crudos de vuestra vida. Sea cual sea el caso, vamos a considerarlo como una oportunidad para abrirnos emocionalmente a esos momentos que nunca nos hubiera gustado experimentar, pero que, sin duda, dejaron una bolsa de dolor en nosotros, que, si no cicatrizamos adecuadamente y nos desprendemos de ella de un modo armonioso y compasivo, nos acompañará y nos limitará a lo largo de toda nuestra vida.

Y aunque no lo creáis, el dolor no es el mayor enemigo, ni mucho menos el más peligroso. El peligro sobreviene cuando, en lugar de darle al dolor el espacio que requiere, permitimos que nuestros miedos lo utilicen y dominen, convirtiéndolo en algo verdaderamente dañino, incluso hasta el punto de llegar a hacerse crónico. Es lo que comúnmente conocemos como SUFRIMIENTO, sobre el cual profundizaremos más adelante.

1.ª fase: el estallido - el *shock*

«La verdad es que no recuerdo que llegara a terminar la frase, fue comenzar a pronunciar la palabra DISCAPACIDAD, y solo con DIS, mi cerebro se desconectó, como cuando un ordenador se bloquea y, le des a donde le des, sale la misma ventana acompañada de ese sonido tan estridente que dice: ERROR 404».

«Sientes que el aire empieza a volverse más y más denso, se te encogen las costillas, notas una fuerte presión en el estómago que se propaga rápidamente por todo tu cuerpo, como si estuvieras agonizando...».

«No sabes cómo reaccionar —¿reír? ¿llorar? ¿gritar?—, incluso se te pasa por la cabeza abofetear al médico con el típico cacharro ese que llevan en el cuello...».

«Simplemente me desmayé, lo único que recuerdo es estar tirada en el suelo con mi marido abanicándome...».

Estas son tan solo algunas de las vivencias que he recogido a propósito de la frase inicial, pero nos sirven perfectamente para hacernos una idea de lo que se puede llegar a sentir en ese momento. Para ser sincero, cuando escuchaba estas historias y analizaba cada palabra y cada reacción, mi mente no podía evitar un pensamiento que ahora mismo me parece obvio: si eliminamos el contexto de la discapacidad y lo sustituimos por cualquier situación traumática que estamos acostumbrados a ver y a escuchar en los telediarios, como atropellos, desastres naturales, asesinatos y otras desgracias, nos daremos cuenta de que las reacciones de estas madres son prácticamente iguales a las de cualquier persona que haya experimentado alguna de las angustias que acabo de mencionar.

Es probable que alguien que haya vivido alguna de esas situaciones esté ahora mismo clamando al cielo por atreverme a compararlas. Pero nada más lejos de la realidad, no pretendo igualarlas en el plano racional y moral, donde jerarquizamos las cosas en función de cómo la sociedad dicta qué es mejor y qué es peor, sino en el plano mental y emocional. Porque, tanto si se trata de perder a un ser querido como de recibir la noticia de que tu hijo deseado tiene una discapacidad, tu mente no deja de sufrir un *shock*, una pérdida, una muerte, en definitiva...

Y es justo a este punto, al de la pérdida, de la muerte, a donde quería llegar para concluir esta fase y dar paso a la siguiente, que comienza en cuanto la familia da el primer paso para alejarse de la sala de torturas en que se ha convertido la consulta del médico.

2.ª fase: la onda expansiva – perpetrando el sufrimiento

Si me conoces, me habrás escuchado decir mil veces aquello de que «los verdaderos héroes no somos nosotros, las personas con discapacidad, sino los padres». Y aunque pueda parecer lo contrario, con esta frase no quiero retroalimentar el estereotipo de la madre/padre coraje que carga con su hijo a sus espaldas y arrasa con todo aquel que se interponga entre la felicidad de su hijo y él, no, no, no. Esta reflexión hace referencia a una realidad que podemos considerar una verdad absoluta:

«La irrupción de la discapacidad en la vida de unos padres supone una auténtica HOSTIA de realidad».

¿Os acordáis de cuando Will Smith abofeteó a Cris Rock en plena gala de los Oscar? Pues más o menos de ese calibre es la hostia que se llevan los padres cuando la discapacidad llama a su puerta. Es más, me atrevería a decir que psicológicamente se experimenta como una auténtica pérdida, dado que ese hijo al que habían idealizado y esa vida perfecta que habían imaginado junto a él una y otra vez durante la gestación, desaparece de un plumazo.

Podríamos decir que esta pérdida tiene una particularidad única, más que nada porque se trata una falsa pérdida. A pesar de que psicológicamente sintamos que ese niño imaginario se ha ido para siempre, en realidad, en el tacataca seguimos teniendo a un ser vivo gordinflón y altamente achuchable, que, aunque sea cierto que no es lo que nos esperábamos, sigue ahí, deseoso de afecto y amor. Y por si no fuera suficientemente complicado lidiar con una «no pérdida», entra en juego un actor secundario que, sin duda alguna, nos irá carcomiendo por dentro durante toda esta aventura, ya que intentará resucitar por todos los medios, habidos y por haber, a ese niño modélico e ilusorio que nos habíamos creado en la cabeza. Él es... (silencio dramático) **la esperanza.**

Para presentar a este nuevo protagonista de una manera directa y sin andarme por las ramas, lo cual suele ser característico en mí, quiero rescatar una frase que escuché hace tiempo en una película y que resonó en lo más profundo de mi ser:

«Lo que te mata no es el miedo, es la esperanza».

¡Dura pero cierta!, el miedo limita, pero la esperanza enferma. Que quede claro que con esta frase no pretendo restarle protagonismo al miedo, ni mucho menos; de hecho, el miedo es el centro de este libro. Lo que yo quiero es reflejar una realidad con la que me topo a diario a la hora de tratar con las familias: la carga y el sufrimiento que genera la esperanza. La esperanza de que mi hijo hable o camine como los demás, la esperanza de que pueda ir al cole con los hijos de mis amigos, la esperanza de que se cure; en definitiva, **la esperanza, consciente o inconsciente, de que mi hijo sea... NORMAL.**

Si eres padre, probablemente estas últimas líneas te resulten tan difíciles de asimilar como cuando nos toca comer un filete de ternera que hemos dejado en la sartén durante demasiado tiempo, y está tan seco que se nos hace bola al masticar y no hay quien se lo trague. Al igual que nos pasa con el filete, estos pensamientos nos provocan una gran incomodidad, pero por no «escupirlos» y exponernos al juicio indiscriminado, tanto de nosotros mismos como de los demás, preferimos ingerir litros y litros de agua para mandar esos pensamientos a las profundidades más inhóspitas de nuestro ser. Ya te adelanto que esta técnica quizá pueda servir al principio, pero a la larga —nunca mejor dicho— se acaba haciendo bola.

Entonces ¿cuál sería la otra opción? ¿Aceptar que no acepto a mi hijo tal cual es? Y si es así, ¿me convertiría en un mal padre?

Sé de primera mano que lo que yo pueda decir no tendrá mucho valor, ya que para poder entender al cien por cien lo que supone tener un hijo, con discapacidad o sin ella, primero debería ser padre, y por el momento, a menos que mi etapa de discotecas no me depare alguna sorpresa repentina, no tengo hijos. Pero lo que sí te puedo decir es que todos esos pensamientos y frustraciones, y esa esperanza casi innata e inconsciente de que tu hijo sea «normal» es, valga la redundancia, lo más NORMAL del mundo.

¿Que por qué es normal? La respuesta es bastante simple, basta con analizar cómo reacciona la sociedad ante lo «diferente» y, a continuación, cómo ve e interpreta nuestro cerebro esa diferencia. Si no te lo crees, puedo demostrártelo.

Desde que dio comienzo la industrialización, las sociedades modernas han tratado constantemente de ser lo más productivas posible, y para alcanzar ese objetivo no han dudado en implementar un proceso de homogeneización social, cultural y económica que también incluye a las personas. Por tanto, no es raro intuir que tanto tú como yo somos otro elemento más que debe ser etiquetado, clasificado y, por supuesto, si no nos ajustamos a la norma, estandarizado.

No hace falta que lo diga, pero, desde esta perspectiva, la discapacidad no sale muy bien parada que digamos; es más, podríamos afirmar que el primer examen que suspendemos en nuestra vida, tengamos o no discapacidad, es el de la jodida campana de Gauss. Por si no la conoces, quiero aclararte que no, no es una campana de catedral que suena cada vez que nace un «anormal», que, oye, ojalá, así al menos sería bastante más divertido. Eso sí, en ese caso tendríamos que cambiar cada vez que naciera un futuro concursante de algunos programas televisivos, pues la anormalidad de la que ellos hacen gala luce en todo su esplendor. (Risa malévola).

Ehhh... Si me he vuelto a pasar, os pido disculpas por mi humor ácido y deshumanizador, pero la Luci desarrolló en mí un mecanismo de defensa potentísimo que apodé como «*bullying* terapéutico», basado principal y exclusivamente en reírme de tó, tanto de mí como de los demás. Efectivo no te voy a engañar que no fuera, pero también debo reconocer que fue bastante lesivo, incluso para mí, que era el promotor, pero esto te lo cuento en el siguiente capítulo, pues, por si no te has dado cuenta, estamos a puntito de desembocar en mi infancia y, por supuesto, vienen curvas».

Bromas aparte y volviendo al tema, decir que la campana de Gauss es una herramienta matemática, que se creó con el fin de medir de manera rápida, precisa y visual qué o quién se salía de la norma y, huelga decirlo, a ojos de la dichosa campanita, la discapacidad y muy normal no era.

Y ahí no termina todo. ¿Has visto la definición de discapacidad que aparece en la Real Academia Española de la Lengua? Si no lo has hecho, ni te molestes en buscarla, porque al igual que con otros términos relacionados con la discapacidad, cada día parece que se inventan una nueva. Para ser honestos, ni siquiera yo sé con qué palabras definir correctamente la discapacidad. Sé que ahora se prefiere la locución «diversidad funcional». Pero entre tú y yo, no me gusta una mierda, más que nada porque es como si en lugar de llamarme «tonto» me llamaran «tontito», que para el caso es lo mismo. En definitiva, no necesitamos recurrir a la definición oficial de la RAE para saber que la discapacidad se concibe socialmente como una auténtica PUTADA, es decir, como un PROBLEMA.

Si estáis en esa fase cuqui, que consiste en creer que la discapacidad es un regalo divino, y pensáis que soy un exagerado y que no hay para tanto, permitidme que os haga la siguiente pregunta: ¿Os gustaría tener una discapacidad? Mmm... percibo ese silencio desde aquí, eh...

Por supuesto que no os gustaría. Llevo años haciendo esta pregunta en mis conferencias y aún nadie ha levantado la mano diciendo que le encantaría tener una. Bueno, es cierto que una vez en un instituto un chaval sí la levantó, porque decía que así tendría paguita y entraría gratis en los sitios... Vamos, un genio.

En resumen, la discapacidad no encaja dentro del estándar de normalidad impuesto por la sociedad, al contrario, se considera un auténtico PROBLEMA... que hay que resolver. Y es precisamente en este último y definitivo «que resolver» donde entra en juego el segundo punto, y sin duda el causante del cien por cien del sufrimiento de la familia: **la configuración de nuestro cerebro para sobrevivir**.

No penséis que este mecanismo es extremadamente complejo y elaborado. Al contrario, es más simple que la sinapsis cerebral de algún que otro famosete, que al ser unineuronal brilla por su ausencia (¡ups, lo hice otra vez... perdón, perdón!). Como decía, el funcionamiento es bastante sencillo, se basa en detectar peligros y en buscar el modo de resolverlos.

Es importante recalcar que el origen de este sistema de supervivencia se remonta aproximadamente a la era en que los dientes de sable campaban a sus anchas por el mundo y cualquier criatura hambrienta podía considerarnos su chuletón del día. Está claro que, en la actualidad, los peligros a los que nos enfrentamos no suelen ser tan mortales, o al menos no de una forma tan directa. En cambio, lo que hoy en día percibimos como amenazas son básicamente nuestros «problemas» cotidianos: que nuestra pareja nos deje con la hipoteca a medio pagar, perder el empleo en el que hemos pasado tantos años, que nuestro hijo vuelva a suspender inglés por decimocuarta vez y, por supuesto, que nuestro hijo pueda padecer algún tipo de discapacidad.

Cuando alguno de estos contratiempos se presenta en nuestra vida y nos saluda diciendo «¡Hola! ¿Qué haces?», automáticamente nuestro cerebro se pone manos a la obra buscando la mejor y más rápida solución. Sin embargo, como habrás podido observar, estos problemillas del primer mundo presentan alguna que otra diferencia entre sí, lo cual me ha recordado la respuesta que me dio un chico hace años, cuando equiparé mi discapacidad con los problemas a los que él se enfrentaba en su día a día:

«David, mis problemas se solucionan cambiando de novia o buscando otro trabajo, tu discapacidad no».

¿Se quedó a gusto el cabrón, ¿eh? Evidentemente, no entendió la profundidad de mis palabras, pero el tío detectó a la perfección el error de procesamiento que se produce en el cerebro de las familias cuando la discapacidad es percibida como un problema que debe ser resuelto. Solo basta con ver la reacción automática que tuvo mi amiga @noemimisma el día que le dijeron que su hijo Mateo tenía autismo, para comprender que el origen del sufrimiento, aunque parezca contradictorio, poco o nada tiene que ver con la discapacidad.

Noemi ¡Está bien, pero esto... ¿cuándo se CURA?

Evidentemente, la discapacidad no es una enfermedad que se cure con un paracetamol, y por mucho que lo intentes no va a desaparecer de tu vida. Es más, te diría que cuanto más quieras huir de ella, más presente estará. Además, cabe destacar que precisamente en esa mala comprensión de la discapacidad como algo que puede subsanarse es donde se encuentra el fruto de todo el dolor y sufrimiento que vivirán las familias desde que salgan «etiquetadas» de la consulta del médico. Porque, aunque no lo creas, la discapacidad no es un problema, es una condición, al igual que lo es ser alto o bajito, y según cómo la mires, impactará en tu vida de forma positiva o totalmente negativa.

Llegados a este punto, es importante señalar que en ningún momento pretendo generalizar ni dulcificar el tema, puesto que existen numerosos tipos de discapacidades, y dentro de estas se dan distintos grados y niveles. Sin embargo, incluso considerando esta diversidad, y a menos que estemos hablando de condiciones que impliquen una degeneración progresiva (es decir, de enfermedades propiamente dichas), el impacto emocional tanto en la familia como en el pequeño puede considerarse bastante similar.

En resumen, esta fase no solo es la más complicada, sino que incluso podríamos llamarla LA FUCKING FASE, puesto que es un camino que a priori no tiene salida, y que, a diferencia de otros procesos de **duelo**, que suelen tener un fin, es **abierto**: se repite una y otra vez durante toda tu vida. Digo lo de *a priori*, porque en realidad sí existe otro camino. El problema está en que nadie te lo cuenta, y lamentablemente esa ocultación te hace dar vueltas en círculos buscando de manera desesperada una solución a tus... «problemas». Me imagino que a estas alturas del libro más o menos sabrás por dónde quiero ir, pero si aún no me has pillado y necesitas un poco de luz, voy a compartir contigo algo que me dijo la presidenta de una asociación de alopecia femenina y, que, tras años de lucha, llegó a la siguiente conclusión:

> Mira, David, una de las cosas por las que lucho ahora es porque, cuando a una mujer le diagnostiquen alopecia, además de mostrarle el camino que existe para mitigar o paliar las consecuencias de dicha enfermedad, como las pastillas o las terapias mágicas, le digan que hay otro camino. Quizá más duro y difícil al principio, pero sin duda, con más luz y esperanza a largo plazo, y no es otro que el de la ACEPTACIÓN. Es decir, comenzar un proceso de acompañamiento psicológico que te ayude a integrar todos esos cambios que te dan tanto MIEDO y que no sabes cómo afrontar.

Si tenías alguna duda sobre hacia dónde te quería llevar, creo que con esto habrá quedado totalmente claro, ¿no? Y es que esta fase, a la que denomino coloquialmente LA FUCKING FASE, es sin duda la más desafiante de todas, ya que implica enfrentarse cara a cara al mayor enemigo con el que se las ha de ver el ser humano en el siglo XXI. Y no, no me refiero a los políticos, que es verdad que acojonan de la hostia, sobre todo si eres *millennial* y tenías pensado jubilarte y contar con un plan de pensiones, que ya te adelanto que la cosa está bastante complicada.

Me refiero al... ¡MIEDO! La verdadera DISCAPACIDAD del SER HUMANO. Esa la tenemos todos, y aunque es verdad que miedos hay de todo tipo, en este caso, como padre o madre de un niñ@ con discapacidad, te vas a enfrentar a dos de los más jodidos que existen: **El miedo a la muerte y el miedo al rechazo.** Y ambos quedan perfectamente reflejados en estas dos situaciones/pensamientos:

1. ¿Qué pasara con mi hijo cuando yo no esté? **Miedo a la muerte.**
2. Cuando vas por la calle y la gente mira a tu hijo, hay quien incluso se ríe. **Miedo al rechazo.**

Visto de esta manera, podría parecer que el miedo es y será el mayor de tus problemas, y que, dentro de lo malo, y volviendo a lo que antes he mencionado a propósito del funcionamiento del cerebro, al menos habríamos localizado el «problema» y tendríamos claro a qué debemos enfrentarnos. Pero nada más lejos de la realidad. Si hay algo más peligroso y que genera aún más dificultades que el miedo, es —¡redoble de tambores, por favor!— **¡no ser conscientes de ello!**

Y ya os digo que después de este gran bofetón vital que os acabo de soltar, consciente, consciente, no sé si se puede ser, ya que en ese estado no puedes saber ni qué comiste ayer para tener claro que el verdadero reto que al que deberás enfrentarte a partir de ahora (bueno, y siempre) está en el plano emocional, muy alejado de la etiqueta de la discapacidad que le acaban de poner a tu hijo.

Pero claro, esto te lo cuento a toro pasado, porque ya te puedo asegurar que en los más de veinte años que deambulé por el «mundo de la discapacidad», ni el médico de cabecera, ni la asociación de discapacitados de turno, ni esa madre simpática que necesita ayudarte a toda costa para así olvidarse de sus problemas, ni, por supuesto, el psicólogo de la seguridad social, que bastante tiene ya con reducir su lista de espera, me dijeron que el verdadero reto que yo tendría que afrontar en la vida era superar los miedos a los que me conectaría mi discapacidad.

Esto quizá pueda parecer un pequeño descuido de nada, y por supuesto que no hay maldad alguna detrás, pero este desconocimiento tan básico de una situación tan clara, te aseguro que es una auténtica putada. Una putada que seguramente debes de estar viviendo en la actualidad y que te mete de cabeza, tanto a ti como a tu familia, en una cárcel sin fecha de salida, cuya oscuridad es tan profunda que no permite diferenciar entre el día y la noche. Y lo más difícil viene cuando crees que has superado la tormenta y que lo peor ya es cosa del pasado, y aparece otra etapa en el desarrollo de tu hijo, como la escuela, el instituto o el comienzo de la vida laboral, que vuelve a generarte ese gran malestar que sentiste la primera vez que te dieron el diagnóstico de tu hij@.

Y yo me pregunto lo siguiente: ¿Ningún psicólogo en su sano juicio se ha dado cuenta de lo que ocurre aquí? ¿Por qué la discapacidad genera un luto abierto? Porque, sinceramente, no me considero un erudito, pero si haciendo lo mismo obtengo siempre el mismo resultado, ¿no debería probar a hacer algo diferente? Es decir, ¿debo asumir que, si tengo un niño con discapacidad, estaré triste siempre?

En este caso, déjame ser categórico y responder por ti: NO, no debes ni tienes que estar siempre sumido en este sufrimiento constante. Y es precisamente esto lo que he intentado señalar durante todos estos años, tanto a psicólogos, como a familias y a la sociedad en general. Si es un luto abierto y se repite durante toda mi vida, será porque sin duda no estamos incidiendo en la raíz del problema.

Estoy seguro de que, dependiendo de en qué fase del luto estés, o en qué momento concreto del desarrollo de tu hijo te encuentres, esto te puede generar incomodidad e incluso rechazo. Pero te aseguro que el problema no está fuera de ti, en la sociedad, ni por supuesto tampoco está en la discapacidad de tu hijo. Aunque te resulte difícil de creer, el verdadero reto, como ya dije más arriba, está dentro de ti, en tu gestión, tanto emocional como mental, de todas esas situaciones a las que te enfrenta y te enfrentará la discapacidad de tu hij@. Sé por propia experiencia que mirar hacia dentro puede generar mucho miedo, pero también sé que, si no lo hacemos, nos condenaremos a vivir constantemente enfadados y a la defensiva. Y lo peor de todo es que, si decides guardar tus miedos en un cajón y no trabajar en ellos, terminarás transmitiéndoselos a la persona que más quieres: **tu hij@**.

Recuerda lo siguiente:

«Los miedos más peligrosos son aquellos que no son
nuestros, ya que, al no depender de nosotros,
NO podemos controlarlos».

3

El camino del superhéroe

Esta historia que te voy a contar sucedió cuando tenía unos nueve o diez años, una mañana de colegio como otra cualquiera, hasta que el tutor que tenía en aquel momento nos mandó una actividad que incluso si la hiciera ahora me tendría que pasar un buen rato filosofando, y no es porque fuera algo complejo, sino porque, como veréis a continuación, las preguntas más simples y sencillas son las que más dan que pensar.

El caso es que nos pidió que escribiéramos un deseo en una hoja de papel. Es decir, que pusiéramos con palabras algo que solo con pensarlo nos hiciera sentir superfelices.

Lo cierto es que para el pequeñajo David no fue una tarea sencilla, y no porque no tuviera claro cuál era mi deseo, sino porque el simple hecho de escribirlo me daba muchísima vergüenza. Es más, me daba tanta vergüenza que recuerdo que lo escribí con una letra hiperdiminuta y casi ininteligible para la vista de cualquier mortal, lo cual agradecí minutos después, ya que la segunda fase de la actividad consistía en compartirlo en público.

Pero eso no fue lo peor de aquella tarea, aunque es verdad que desnudarte de esa manera delante de tus compañeros resulta bastante incómodo, y más para un niño de esa edad. Lo peor fue que el profesor nos hizo entregarle nuestros deseos firmados con nuestros nombres, y volvió a repartirlos entre los alumnos, pero esta vez desordenados. Y yo tuve la mala suerte de que el mío acabara en manos de Rafa, que sin duda era el compañero de clase con quien peor me llevaba en aquel momento.

Si os digo la verdad, lo pasé tan mal que no recuerdo ninguno de los deseos que compartieron el resto de los compañeros, solo recuerdo tener el típico pensamiento de querer desaparecer y de que el pupitre me absorbiera como si fuera un agujero negro. Evidentemente eso no ocurrió, y tuve que enfrentarme a aquella terrible situación.

¿Que qué es lo que puse? Pues la verdad es que me he pasado un buen rato meditando si lo compartía con vosotros o no, y finalmente me he decantado por hacerlo, pero antes de desvelaros lo que puse en el papel, os haré rabiar un poco, y primero voy a contaros otra historia que sucedió tres años antes, y que nos permitirá comprender mejor la mente de ese diminuto infante llamado David.

Mamá, ¿no soy normal?

Recuerdo como si fuera ayer la primera vez que fui consciente de que tener una discapacidad no estaba del todo bien visto, aunque también es cierto que hasta entonces tampoco sabía con exactitud qué significaba eso de la discapacidad; solo sabía que iba a muchos médicos y que parecía ser un poco más torpe de lo normal. Pero para mí, mi forma de andar y las situaciones derivadas de esta, eran MI NORMALIDAD. Sin embargo, todo eso cambió a raíz del suceso que os voy a contar.

Tendría unos seis años, y recuerdo salir del cole con un amiguito, cuyo nombre no logro recordar, al que llamaremos Fulanito a efectos meramente instrumentales. El caso es que ambos nos disponíamos a bajar por las escaleras que daban a la recepción del colegio, donde esperaban amontonadas decenas de madres ansiosas de ver a sus queridos hijos, cuando escuché un estrepitoso graznido seudofemenino procedente de la muchedumbre de progenitores que decía lo siguiente:

Mamá pueblerina: ¡FULANITOOOO! Ten cuidado con David, que es discapacitado y hay que ayudarle. POBRECITO.

En defensa de la delicada y sutil mujer, quiero decir dos cosas: la primera es que hay que tener en cuenta que vengo de un pueblo de la España profunda, ¿donde la comunicación básica es el gritío? Y la segunda es que la imagen, tanto la mía como la de Fulanito, activaba el instinto de supervivencia de cualquier ser humano a la vista de semejante panorama. De hecho, en la mente de aquella madre, debió de ser como vivir en primera persona la icónica escena de *El Rey León*, cuando Simba queda atrapado en medio de una estampida de animales, solo que esta vez con nosotros como protagonistas.

Para que te hagas una idea de lo que debió de sentir la señora, solo tienes que unir los elementos de la secuencia en cuestión: una escalera kilométrica, una jauría de niños hambrientos, mis andares, y, por si todo eso fuera poco, las mochilas en formato carrito cargadas con cientos de libros que pesaban más de un quintal. Vamos, que aquello era el claro preludio de un gran HOSTIÓN.

Por suerte para mí y para la dentadura de Fulanito, mi equilibrio resultó ser mucho mejor de lo que mis andares tambaleantes prometían, y aquel día nos recogieron a ambos sin incidentes. Pero como ya adelanté al comienzo de esta historia, la escena que acabo de referir marcó un antes un después en mi vida; bueno, en mi vida y en la de Fulanito, que, sin comerlo ni beberlo, se convirtió en mi pequeño y regordete Samsagaz Gamyi (por si no eres un friki, te informo de que es el amigo de Frodo, la versión inglesa de Sancho Panza en *El señor de los anillos*), siempre dispuesto a llevarme la mochila, cual anillo del poder, durante todo el curso escolar, y a evitarme cualquier peligro que la selva del colegio me pudiera reservar.

La verdad es que a la larga el impacto que tuvo en Fulanito el papel de cuidador no fue muy positivo que digamos, ya que a partir de entonces y para siempre en su vida, antepondría las necesidades y deseos de los demás a las suyas. Y si esto no os parece lesivo, solo os haré una pregunta para que lo entiendas de «golpe y plumazo»: ¿Cuántas mierdas os habéis tenido que comer por no saber decir que no? Y no solo eso, ¿cuántos sueños habéis dejado a un lado por cumplir los de otros? En resumen, es una mierda, y encima, para más inri, el Oscar se lo llevó Frodo. Manda huevos.

Siguiendo con el símil de *El señor de los anillos*, debo decir que aunque mi papel como Frodo se llevase más laureles, molar, molar, tampoco molaba, ya que desde ese momento tendría que cargar con un gran peso sobre mis espaldas, y no, no me refiero al de la mochila, que como ya he comentado pasó a ser responsabilidad de mi pobre Samsagaz personal, sino el de tener que tomar entre dos caminos: regodearme en el sufrimiento que me provocaba ser diferente —y en consecuencia un POBRECILLO— o huir de mi dolor a través de la lucha social y la validación de los demás, convirtiéndome en un auténtico... ¡SUPER-HÉROE!, o como renombró el «genio» de Fesser (nótese mi ironía y resquemor), ser un CAMPEÓN.

«El deseo» que lo cambiaría todo

Volviendo a la historia con la que había empezado, en vista del itinerario vital —¡tan fantástico!— que la sociedad me había trazado, y puesto que la creatividad de un niño de nueve años no conoce límite alguno, decidí crear otro camino alternativo entre medias de los dos ya establecidos. Este nuevo sendero se basaba en el deseo de eliminar aquello que me hacía diferente: mi discapacidad. Y no me refiero a las terapias mágicas, no, no, esa asignatura pertenece al camino del superhéroe. Lo mío era aún más mágico, pues quería hacerla desaparecer a golpe de varita, al estilo Hermione Granger con sus brebajes, sin tener que pasar por ningún sufrimiento extra para lograrlo.

Ahora estaréis pensando: «¡Oh! ¡Qué niño más mono e inocente!». Sí, pero vosotros, los adultos, sois los culpables de esa inocencia, pues deberíais recordar que a esa edad cualquier niño está rodeado de magia. Y no me refiero a la de la caja de Magia Borrás, que era una auténtica mierda, sino a la de verdad, la de esos tres o cuatro octogenarios que te traen regalos caídos del cielo en Navidad, o a esa versión adelantada de *Ratatouille* que te cambiaba dientes por monedas. ¿Y qué decir del calvo de la lotería que llenaba de billetes a tus padres con tan solo rozar el boleto con la cabeza?

Y así, cuando mi querido profesor nos dijo que pidiéramos un deseo, ¿qué creéis que pidió el pequeño David?... Efectivamente, pidió lo que estáis pensando, pero por si alguien tiene alguna duda, aquí os reescribo lo que puse en el papel:

«Quiero unas piernas nuevas para ser normal
y no sufrir».

Imaginaos la cara del profesor al leer esto; no sabía dónde meterse. El resto de mis compañeros debieron de pedir bicicletas o la nueva versión de la Nintendo Game Boy Color, y yo le pedí un par de extremidades. Sinceramente no recuerdo qué me dijo, pero sí recuerdo a la perfección su cara desencajada, que sin duda expresaba que ese camino que yo quería crear no existía, y que, me gustara o no, tenía que apechugar con lo que me había tocado.

De modo que ahí estaba yo, con nueve años, y con el mismo dilema al que tuvo que enfrentarse Neo en Matrix por culpa de las jodidas pastillitas, pero con la diferencia de que yo no tenía que tomar ningún psicotrópico. Simplemente me tocaba optar por uno de los dos caminos imaginarios que la sociedad me tenía reservados. Las opciones ya os la sabéis: a) ser un pobrecito; o, b) ser un superhéroe.

Ante semejante abanico de posibilidades, y teniendo

en cuenta que sentir lástima de uno mismo no es la mejor opción... Sabéis cuál elegí, ¿no?

Por favor, dentro *We will rock you* de Queen. ¡PUM PUM, PA! ¡PUM PUM, PA!

Elegí ser un FUCKING SUPERHÉROE.

4

Forjando al superhéroe

Hay momentos en la vida en los que tomamos caminos que, aunque en un primer momento pueden parecer elegidos de manera fortuita, cuando miramos en perspectiva, nos percatamos de que hemos invertido más de lo que pensábamos para que sucediera así. No haría falta ni que lo dijera, pero en este caso, mi caso, entraron en juego más fuerzas sociales que me arrollaron hacia el camino del superhéroe. Aunque también debo mencionar que, por muchos balones que eche fuera, y como verás más adelante, el que perpetuó y se aferró ferozmente a este personaje, fui únicamente YO.

Sin la menor duda, estas fuerzas estaban conformadas en parte por la sociedad, pero si tuviera que elegir un representante único, sin duda sería **mi madre**. Ella tomó este camino mucho antes, desde el momento del diagnóstico, convirtiéndose en una auténtica SUPERMAMI. Así que, a esas alturas del juego, casi nueve años después, mi madre ya estaba en modo «nivel Dios», había desbloqueado el *super saiyajin 3* y dominaba a la perfección hasta el *superkamehameha* teledirigido. Espero que esta referencia a *Dragon Ball Z* no necesite explicación, porque por cada explicación moriría un adorable gatito, y nadie quiere eso, ¿verdad? Así que, si no lo has entendido, por favor, repasa el legado de Akira Toriyama, ¡pero ya!

Como en todo camino que debe seguir un superhéroe, este no se forja de un día para otro, sino que conlleva un proceso más o menos largo donde se van configurando todas las actitudes necesarias para poder representar bien su papel. Si tuviera que destacar un elemento básico en el desarrollo de cualquier superhéroe, sin lugar a duda elegiría el ENTRENAMIENTO, que, como veréis a continuación, en el caso de la discapacidad viene a ser como el entrenamiento de un deportista de élite, e incluso si me apuras, como un entrenamiento militar.

Espartano desde *shikitito*

Desde bien pequeño he sentido una gran curiosidad por el mundo que me rodea y por la manera en que los seres humanos nos relacionamos. Recuerdo pasarme los domingos tumbado en la cama intentando resolver cuestiones de gran calado filosófico, como estas: ¿Quién soy? ¿A qué he venido a este mundo? ¿Y por qué soy una parte tan pequeña y efímera de algo tan sumamente grande?

Como veis, no son preguntas nada normales para un niño de apenas seis años. Con el tiempo, esta curiosidad general por el mundo se fue focalizando en algo más concreto, en una parte de esta sociedad que evidentemente me impactaba de una forma más directa, y esta no era otra que el «mundo paralelo» de la discapacidad.

Hubo un sinfín de cosas que me llamaron la atención

de este mundo, desde sus incongruencias más profundas, como querer buscar la igualdad a través de la pena, hasta los «maravillosos» nombres de las asociaciones. En cuanto a esto último, solo os diré que si os encontráis una «S» entre las siglas que los componen, quiero que sepáis que su significado original era «SUBNORMAL». Y si no me creéis, aquí os dejo como ejemplo el nombre de la asociación de la que me tocó formar parte, en mi pueblo, cuando era pequeño:

APSA:
Asociación de Padres de **Subnormales** de Arganda.

¡Qué maravilla, ¿eh?! Pues allí iba yo todas las semanas, como buen SUBNORMAL, para recibir mis sesiones de fisio. También os digo una cosa, no nos escandalicemos ni nos llevemos las manos a la cabeza, porque el origen de estas asociaciones se remonta casi al siglo pasado, una época en la que emplear este término era lo más normal del mundo. Sin embargo, lo que realmente sí debería hacer que te llevaras las manos a la cabeza es uno de los nombres que analizaremos, y que más he escuchado y escucho a los padres para dulcificar/ensalzar esa vida de superhéroe que vivimos las personas con discapacidad y que no es otro que —dentro musicón— ¡¡¡ESPARTANO!!!

Os suena, ¿verdad? Si lo utilizáis, no os avergoncéis, a mí también me ha pasado, pero tranquilo que cuando leas lo que voy a contarte, posiblemente no vuelvas a emplearlo jamás, e incluso te toque cambiar el nombre de la cuenta de Instagram que le hiciste a tu hijo.

Si sois o habéis sido uno de esos progenitores que ha utilizado este término, permitidme deciros que estoy seguro de que os perdisteis la clase de historia en la que se hablaba de la antigua Grecia, concretamente de su ciudad-estado más famosa: Esparta. ¿Qué por qué os cuento esto? Porque si hubierais asistido a esa clase, sabríais que este peculiar pueblo practicaba una costumbre un poco extrema con los niños que venían al mundo y tenían algún tipo de defectillo, pues pensaban que solo los niños más fuertes y sanos merecían vivir para ser entrenados como futuros guerreros. En lo que respecta a mis «primos» discapacitados de aquella época, les esperaba un terrible final, que consistía básicamente en dejarlos a la intemperie para que otros animales los introdujeran en el último eslabón de la cadena alimenticia, cual conejillos silvestres.

Me imagino la cara que se os ha debido de quedar al conocer este pequeño dato histórico, pero, tranquilos, que aunque nuestro destino en aquella época jamás hubiera sido convertirnos en un feroz guerrero, en una cosa tenéis razón: **el entrenamiento al que se nos somete sí que es verdaderamente espartano.**

Si echo la vista atrás, os prometo que no recuerdo ni un mísero día de mi vida en que no fuera al fisioterapeuta, tanto en el cole como en el hospital, o en la asociación de turno. Incluso recuerdo que, hasta algunos fines de semana, más de los que me hubieran gustado, mis padres me hacían terapia en casa. Es decir, mi entrenamiento era constante, 24/7, y daba igual que estuviera cansado, que fuera mi cumpleaños, que cayeran chuzos de punta o que estuviera a 39 de fiebre; al fisio había que ir sí o sí. No existía en el mundo excusa posible que pudiera evitarme esa obligación hitleriana de acudir a «trabajar».

En definitiva, desde que tengo uso de razón, me enseñaron que el fisio, las terapias, eran como un trabajo, obligatorias y a la vez eran tan básicas y necesarias como el comer o el beber, que no puedes dejar de hacerlo ni un solo día, porque, si no, básicamente, te mueres. Y ya os digo que la exigencia de este entrenamiento espartano no solo residía en la frecuencia con que debía practicarse, que evidentemente era extrema, sino también en la dureza de cada una de las sesiones. Porque en mi caso, ir al fisio no consistía en echarme unas risas mientras me daban un par de masajes relajantes; más bien, iba a sufrir como un auténtico cabrón.

Haciéndome amigo del dolor

Para aquellos que no lo sepan, mi discapacidad oficial, la que me vino de fábrica y está recogida en mi informe médico, se llama diparesia espástica. En otras palabras, tengo espasticidad de cintura para abajo. ¿Que qué significa esto? Pues, básicamente, que tengo el tono muscular de mis piernas más elevado que el resto, lo cual se traduce en ese andar tan característico que poseo.

En este punto, y antes de proseguir con la historia, una parte de mí, la más básica e infantil de todas, tiene la necesidad de contaros una anécdota que me ocurrió, allá por 2015, cuando precisamente le estaba contando esto mismo, lo de la espasticidad, a una chica con la que estaba flirteando en aquel momento. El caso es que, cuando llegó el momento de explicarle que tenía los músculos más duros de lo normal, recuerdo que se hizo un prolongado y dramático silencio. Hasta que, de pronto, ella misma lo rompió con la siguiente pregunta:

—¿Y esto también te pasa con el pene? ¿Lo tienes más duro de lo normal?

Os juro que la chica en ningún momento lo dijo con un tono jocoso o picarón, sino totalmente en serio. Como ya os podéis imaginar, ante esta situación, que había dejado la pelota botando literalmente a centímetros de la línea de gol, tuve que reaccionar con rapidez, y le respondí lo siguiente:

—Por supuesto; es más, si quieres, podemos comprobarlo ahora mismo.

No hace falta que lo diga, pero para aquellos que sentís curiosidad por saber cómo acabó la hazaña, solo añadiré que en mi mente escuché «¡¡¡Goooooooooooooooollllll!!! ¡¡¡Gooooool, gooooool de David Rodríguez!!!».

Dejando las anécdotas de machirulo heteropatriarcal a un lado, y rescatando la idea de la discapacidad entendida como problema, tal como la he explicado en los primeros capítulos, ¿qué tenía que hacer yo para solucionar mi problema y dejar de ser espástico? Pues, entre otras cosas, tenía que ESTIRAR.

Y ya te aseguro que mis estiramientos no se parecían en nada a los que hacíais vosotros en el calentamiento de educación física del cole: los míos eran más bien como las prácticas que la Inquisición llevaba a cabo en sus salas de tortura, cuando te ataban las extremidades a cada lado y tiraban para ver cuánto aguantabas sin romperte. Vamos, que dolían de la hostia.

Quiero dejar claro que esta comparación no es una pincelada de humor negro para aligerar la historia, ni surge de la típica exageración de un adulto traumatizado por sus experiencias. No, no, es que había movidas que realmente se parecían de verdad. Es más, estoy seguro de que esta práctica que te voy a contar a continuación surge de aquella época, fijo; o eso, o la inventaron los romanos, que en eso de hacer barbaridades también eran unos máquinas.

Como os decía, durante mi infancia me pasé horas y horas entre médicos y fisios, que me hicieron millones de cosas. Pero de todas ellas, sin duda, hay una que fue la que más me llamó la atención, y no por ser la más dolorosa y exigente, sino por la similitud que guardaba con un potro de torturas del siglo XVI. Tenía hasta un nombre, El Plano. Te ataban las piernas con unas cinchas a una especie de camilla hidráulica con un soporte para los pies en la parte inferior, te ponían en posición vertical y te dejaban así durante horas.

¿Con qué objetivo? En teoría era para para que te mantuvieras erguido, lo cual evidentemente no funcionó, pero al menos debo reconocer que gracias a un simpático enfermero que intentaba hacernos más llevaderas las horas que pasábamos allí, aprendí a jugar al tute y a la brisca. Años después, esta experiencia me serviría para integrarme a la perfección en los pueblos de mis exparejas, y es que, no me digas porqué, siempre he tenido una marcada predilección por las pueblerinas.

En resumen, pasé cientos de horas plantado como un ficus en el gimnasio de un tétrico y sombrío hospital de Madrid. También debo mencionar que, por suerte o por desgracia, no era el único, me acompañaban una decena de niños y niñas, y entre todos formábamos una plantación de lo más peculiar. Había adelfas, cactus y hasta algún que otro pino. Vamos, que cada uno era de su padre y de su madre, y teníamos discapacidades totalmente diferentes los unos de los otros.

La verdad es que ahora que me doy cuenta, utilizar este símil de las plantas para contar esta historia tiene una cierta gracia dramática, ya que la imagen que he plasmado debe de ser muy parecida a la de cualquier botánico, donde se colocan esas varas de plástico a las plantas para que crezcan rectas y hacia arriba. Es decir, algo muy parecido a lo que esperaban lograr de nosotros con los planos. Quizá esta técnica no la inventó un romano, sino un jardinero que tenía un hijo con discapacidad.

Durante esta etapa de mi vida en el hospital, además de aprender a jugar a las cartas y de conocer la gran variedad de especies que componen el mundo de las plantas, tengo que decir que de forma inconsciente aprendí algo mucho más determinante para el superhéroe al que estaba destinado a ser. **Aprendí a normalizar el dolor, tanto físico como emocional, que conllevaba ser un *fucking* héroe.**

Y es que durante esas interminables horas que te pasabas estirado como un palo en el bipedestador podías observar muchísimas cosas. También es verdad que el momento Plano venía a ser como la parte festiva de la terapia, porque en aquel gimnasio y en las salas colindantes se aplicaban otro tipo de técnicas no tan dulces como la que comento.

Lo primero que se apreciaba a simple vista eran los signos evidentes del dolor físico, que tanto yo como mis compañeros experimentábamos. Desde caras desencajadas por el dolor hasta miradas perdidas al techo, como si estuviéramos rogándole al cielo «por favor, que esto pare ya». Incluso llegábamos a mordernos los dedos de la mano para engañar al cerebro y soportar mejor el sufrimiento que nos causaban los estiramientos. Otro ejemplo de ello, posiblemente el más explícito de todos y el que seguramente os estremezca hasta el alma, era oír a bebés de apenas seis meses llorando desconsoladamente por alguna de las torturas a las que sus terapeutas los sometían.

Evidentemente, esta escenografía solo podía ser soportada gracias a uno de los principios más famosos y predominantes de nuestro ideario social: **el fin justifica los medios.** Esta máxima queda perfectamente reflejada en la siguiente frase, que alguna que otra vez he escuchado en algún centro con el fin de «suavizar» la situación:

—Si no lloran es que no están trabajando, y como ya sabes, estos niños necesitan ser trabajados a fondo.

Crudo, ¿verdad? Pues tengo que decirte que ese dolor físico tan intenso no fue lo más duro a lo que me tuve que enfrentarme. Sin duda, la peor parte se la llevaba el plano emocional.

Como os decía, por aquel gimnasio pasaban cientos de niños con todo tipo de discapacidades, y no solo eso, también había niños con enfermedades degenerativas que tenían literalmente fecha de caducidad. Por supuesto, eso no nos lo contaban los adultos, o al menos no lo recuerdo con exactitud. Lo que sí sé es que cada cierto tiempo, los Planos que ocupaban mis hasta entonces amigos, quedaban libres para otros niños, y que cuando preguntabas dónde estaba tu colega, de pronto reinaba un incómodo silencio que los adultos trataban de rellenar rápidamente con algún tema propio de nuestra edad.

Tengo que reconocer que esta parte de mi infancia aún

la tengo tan bloqueada y confusa que no soy capaz de distinguir claramente entre la realidad objetiva de lo que ocurrió y la interpretación creativa del niño que era. Supongo que, por eso mismo, hasta el día de hoy no puedo hacerme una idea exacta de cómo debió de impactarme vivir la muerte a tan temprana edad, especialmente la de unas personas a las que teóricamente aún les quedaba tanto camino por delante.

Lo que sí os diré es que vivir en un contexto donde el dolor y el sufrimiento estaban tan a flor de piel y no había forma de evitarlos, me endureció de tal manera que me convertí en una auténtica máquina de superar los «no puedo» que me imponía la sociedad. En mi mente no había situación, persona o cosa que pudiera persuadirme de que no sería capaz de lograr lo que me propusiera con esfuerzo y determinación. Y es que en aquella etapa de mi vida fue cuando se me quedaron grabados los tres preceptos en torno a los cuales se forjó mi condición de peculiar superhéroe:

1. No hay éxito posible sin sufrimiento ni esfuerzo.
2. Llorar es de maricomas.
3. Todo lo que te haga sufrir es culpa de los demás.

Si he de seros sincero, no sé muy bien si estos principios configuraron las bases de un superhéroe o fueron el preámbulo de un gran narcisista. Bueno, en realidad sí que lo sé, pero prefiero no condicionaros y seguir guiándoos por mi historia, para que seáis vosotros quienes saquéis vuestras propias conclusiones.

5

Rata de laboratorio

En este punto del libro, y debido al alto nivel de intensidad que estamos alcanzado, no puedo continuar sin haceros una de las preguntas que más he formulado a lo largo de mis años como conferenciante, y que además tiene un gran significado para mí. Esta pregunta también nos servirá para ver cuán enganchados estáis al libro y cuánta conexión tenemos vosotros y yo. Así que, sin más preámbulos, vamos al lío:

¿Crees en el destino?

Tú: Sí/No

Pues tríncame el pepino.

Me imagino que en estos momentos estaréis flipando y pensando cuánta razón tenía mi madre al decir que era subnormal, pero también espero que a estas alturas del libro esta subnormalidad no te haya sorprendido del todo, ya que desde el principio te he dejado clarísimo de qué pie cojeo... ¡Pues de los dos!

Con este inicio de capítulo tan peculiar, y a fin de poder subir el listón literario para que esto vuelva a parecer un relato maduro y respetable, voy a introducir la siguiente historia mediante un recurso guapísimo, clásico del cine hollywoodiense.

Imagina la típica película de acción donde no te ha da tiempo ni a sentarte y, en el primer segundo, ya está todo por los aires con mazo de tiros y el protagonista ya se ha cargado a seis o siete tipos. ¿Lo tienes? ¡Vale, perfecto! Pues justo cuando parece que todo va a salir fatal y que al héroe le quedan dos telediarios, en ese momento se para la imagen y aparece la voz en off del protagonista diciendo algo así como: «Este soy yo y mis circunstancias, y para que puedas entenderlo, vamos a retroceder catorce años».

Precisamente esto mismo es lo que vamos a hacer; eso sí, tened un poco de consideración conmigo y pasad por alto mis limitaciones técnicas como escritor novel y las propias de este medio escrito. Vamos, que no me seáis muy tiquismiquis, pues lo importante es que pilléis la idea.

Fecha: Febrero de 2005.
Lugar: Hospital Niño Jesús (Madrid).

Se abre el telón, y como buen protagonista de esta historia, ahí estoy yo, semidesnudo en la Unidad de Cuidados Intensivos del hospital. Me encuentro en el centro de una sala alargada de unos cien metros cuadrados, rodeado de una decena de camillas ocupadas por personas, de las cuales la que tenía mejor estado de salud solo entraba en parada cardiaca cada dos horas. ¡Imagínate, un percal espectacular!

Y yo ahí, con apenas doce años, uniformado con la típica bata de hospital que te lo tapa todo menos el culo, y escoltado por mis padres y un puñado de enfermeras risueñas.

Evidentemente, mi expresión facial era de total desconcierto. Y este fue en aumento cuando entraron en la sala tres armarios roperos en forma de enfermeros, cada uno de ellos con el diámetro de los bíceps más grande que el anterior; vamos, que parecían porteros de discoteca echando unas horas extras en el hospital.

El tema fue que no se pasaron a saludar y se fueron, sino que se me acercaron peligrosamente y comenzaron a sujetarme con firmeza, uno del brazo izquierdo, otro del derecho y el último de las caderas.

Os juro que yo no entendía *ná* de *ná*, me habían sacado de mi casa con la excusa de que me iban a dar un «pinchacito» de nada y que luego iríamos al cine. Pero la realidad comenzaba a ser radicalmente distinta, ya que me encontraba en una clara inferioridad numérica y en una notable indefensión al estar amarrado por los tres primos de King Kong. La cosa comenzó a complicarse aún más con la llegada de un cuarto integrante, cuya participación en esta historia hace que lo que antes parecía una simple escena de película de acción protagonizada por Jason Statham, comenzara a parecer más bien una precuela de *Saw*, donde yo representaba a uno de los participantes que había que torturar. Aunque este nuevo personaje, en comparación con los otros tres, pareciera el mismísimo Peter La Anguila, su clara inferioridad física quedaba compensada por el hecho de que portaba una jeringuilla tamaño DIN A2 que acojonaba hasta al más duro.

Evidentemente, el enfermero esmirriado no venía a pasearse cual banderillero, y tras escanciar el líquido que contenía la descomunal jeringuilla, y darle los típicos golpecitos con los dedos para quitar el aire, procedió a clavármela indiscriminadamente y sin mediar preámbulo alguno en el mismísimo lomo, es decir, en lo que viene siendo la espalda, concretamente en la médula espinal.

Fue un momento... buááá, maravilloso, de un nivel de goce... bufff, indescriptible. Pero, más allá de describiros el gustirrinín que me produjo aquel momentazo, llegados a este punto quiero que visualicéis la siguiente imagen, a partir de la cual retrocederemos en el tiempo para explicaros cómo narices llegué yo a esa situación más bien desafortunada para mi persona.

Y la imagen es la siguiente: **básicamente salgo yo en primerísimo primer plano con los ojos a punto de salírseme de las cuencas y gritando como un cabrón del dolor que me había provocado aquel insignificante «pinchacito».**

Ahora sí, podemos darle *pause* a esta pintoresca escena y rebobinar un par de años atrás, para que veáis cómo una simple discusión puede tomar derroteros... insospechados.

Médicos vs. Médicos

A lo largo de nuestro periplo por el mundo como seres humanos, hemos logrado millones de cosas, desde la construcción de monumentos impresionantes como las pirámides de Guiza hasta descubrimientos asombrosos como el del bosón de Higgs en el acelerador de partículas de

Ginebra. Aunque es verdad que construir y descubrir cosas se nos ha dado muy, pero que muy bien, a lo largo de este tiempo también hemos ido perfeccionando otra habilidad que supera con creces a las anteriores. Me refiero, cómo no, a la habilidad de... DISCUTIR.

Sí, discutir, discutir porque el vecino ha tirado la basura en el contenedor que no era, porque mi pareja no ha puesto la lavadora por enésima vez o discutir porque que se me han colado en la fila del super; vamos, discutir por todo, y todo el rato. Es verdad que dentro del apartado de broncas siempre ha habido algunas con mayor pedigrí —por ejemplo, recuerdo la famosa enemistad que vivimos en la Fórmula 1 entre nuestro Fernando Alonso y el «despiadado» Hamilton—. También me viene a la memoria una mucho más castiza, aunque no por ello menos espectacular, que mantuvo en vilo a media España, en torno a la rivalidad que mantuvieron Julián Muñoz y la Pantoja durante la época del caso Malaya. Y ojo, que estas broncas no solo se dan entre dos personas, sino que también ocurren entre grupos sociales por defender gustos o ideas.

Un ejemplo de ello es sin duda el enfrentamiento existente entre los fans de *Aquí no hay quien viva* y los de *Los Serrano* para determinar cuál era la mejor serie del momento. Debo reconocer que yo pertenecía al *team* de la escobilla, para qué voy a engañaros. Pero fueras del *team* que fueras, no me negaréis que en algún momento de vuestras vidas os habéis peleado con alguien por el simple hecho de tener la razón, ¿a que sí?

Efectivamente, a todos nos sucede, pero más allá de mencionar estos famosos salseos para haceros reflexionar sobre lo enfáticos que podemos llegar a ser, quiero hablar de la discusión más famosa y encarnizada que se da en el mundo de la discapacidad, y que fue la causa de que, como os comentaba hace un instante, yo acabara semidesnudo en la UCI de un hospital, inmovilizado por tres gorilas y ensartado con una gigantesca jeringa cual banderilla de pepinillos del Lidl.

Me estoy refiriendo a la bronca en la que se enzarzan unos médicos con otros por ver quién propone la mejor idea para solucionar el PROBLEMA al que se enfrentan: **tu discapacidad**.

En mi caso, esta batalla la libraron dos doctores, a los que, por motivos legales, nos referiremos con los nombres ficticios de doctora Morales y doctor Martínez.

Dejando anonimatos a un lado, y a fin de que podáis ponerles rostro a estos personajes y conectar de una manera más emocional y profunda con la historia, voy a intentar describir a cada uno de ellos con los recuerdos inconexos que conserva mi memoria preinfantil.

Comenzaremos con el doctor Martínez, un cirujano cincuentón apasionado del bisturí y famoso por realizar operaciones cuya recuperación duraba casi un año; bueno, eso si lograbas recuperarte, porque la letra pequeña de esas operaciones ya te advertía de que había muchas posibilidades de acabar en silla de ruedas; vamos, «peor» de lo que estabas. Eso sí, con las piernas y los pies estéticamente monísimos, pero funcionales, lo que se dice funcionales, mmm... no tanto.

Lo que más recuerdo de este señor es que vivía pegado a su bata; es más, no recuerdo haberlo visto un solo día con una vestimenta un poquito más, cómo diría, lúdico-festiva. Eso sí, no seáis cabroncetes y os lo imaginéis con la típica «batamanta» de vuestra madre, de terciopelo y con corazones de color rosa, que, oye, el chaval estaría monísimo y superadorable, pero yo me refería a la típica bata azul de quirófano, cuya mera presencia presagiaba cierta tensión y peligro en el ambiente, pues sabías que en cualquier momento aquel despiadado señor podía hincar su bisturí en alguna parte de tu cuerpo.

Vamos, que daba un miedo que te cagas, o cuando menos se lo daba a mi yo infante. Y debo añadir que su cara tampoco ayudaba, no sé si era porque, al provenir del norte y del frío, tenía la cara más tiesa, o porque eso de sonreír no iba mucho con él. Pero bueno, para que tengáis una visión más clara de él y podáis imaginároslo mejor, os diré que era como la versión alemana y triste de Peter Griffin, el de *Padre de familia*.

Después de esta gran descripción del doctor Martínez, prosigamos con nuestra segunda protagonista: la doctora Morales, pediatra, también cincuentona y, por supuesto, con bata, pero, a diferencia del primero, a ella no le iba tanto el bisturí, era más de inyecciones. Y su fama no se debía tanto a sus hitos profesionales, que supongo que también los tendría, como a su pública enemistad con nuestro querido Peter Griffin alemán. Bueno, por eso y por tener la expresividad emocional de una piedra, porque os prometo que en los más de diez años de consulta que he debido pasar con ella, no recuerdo haberle visto ni una mísera mueca, ni una sonrisilla de esas tontas que a veces se te escapan sin querer.

Siguiendo con la misma metodología descriptiva que hemos empleado para Martínez, y a fin de que os hagáis un idea más exacta del aspecto físico de Morales, os diré que vendría a ser una versión en mayor, más triste y menos femenina de Morticia, la madre de La familia Addams.

Una vez finalizada esta descripción tan sumamente fidedigna de los protagonistas del episodio que nos ocupa, debo confesaros que pagaría lo que fuera por saber cuál es la imagen mental de esos dos que se han formado vuestros cerebros. Lo que sí tengo claro es que esta imagen distorsionada e infantil del doctor y la doctora nos permitirá ahondar con mayor profundidad en los vacíos «morales» de la historia con menos crudeza, y puede que de un modo más simpático y digerible.

En resumen, estos dos se llevaban fatal. Si uno proponía una cosa, la otra proponía todo lo contrario, y así todo el rato. Y entretanto, tú, como padre, te quedabas ojiplático ante semejante situación, y encima con el marrón de tener que elegir la mejor opción para tu hijo. Todo ello teniendo en cuenta que quizá el contexto y la situación emocional que están viviendo los progenitores no es que digamos la mejor para tomar una decisión de tal magnitud, más que nada porque en esos momentos deben de estar rozando, o incluso sufriendo, distintos grados de depresión.

Dejando a un lado sus diferencias, que como veis eran bastante notables, quisiera hacer hincapié en lo que los unía, que, aunque no lo creáis, era mucho más de lo que ellos pensaban. Y no solo eso, desde mi punto de vista, aquello que los unía, y que ahora os desvelaré, era y es el verdadero causante de que yo y otros miles de niños como yo tuviéramos que pasar por millones de operaciones, ensayos con fármacos y pruebas mágicas.

En contra de lo patológico, en contra de lo NO normal

Entonces, David, ¿qué los unía?

Pues muy fácil, que eran médicos. Sí, médicos, y como buen médico tienes un fin principal que cumplir, el cual básicamente consiste en luchar contra la enfermedad, luchar contra lo patológico, es decir, **luchar contra lo que NO es normal.**

Y, sí, amigos, un rasgo se considera patológico cuando existe un proceso o estado fuera de lo común, vamos, que no es normal, y que además implica enfermedad.

Vaya tela, ¿eh? No sé si lo recordáis, pero en el capítulo donde hablamos del diagnóstico os decía que para mí la discapacidad no era una enfermedad que se curara con un paracetamol, sino que era una condición. Pues, como veis, el fundamento del modelo clínico alrededor del cual gira toda la intervención médica en lo referente a la discapacidad se basa en todo lo contrario. Y, como os decía, aquí está el verdadero problema.

Incluso me atrevería a deciros que más que un problema, esto es un putadón de la hostia, porque, como ya hemos señalado anteriormente, este enfoque sea necesario e indispensable, en la inmensa mayoría resultará más bien contraproducente y para demostrároslo de una manera totalmente empírica, compartiré con vosotros una de las historias que más me han encogido el corazón y que, cuando me la contaron, me dejó sin palabras.

Esta historia ocurrió cuando yo tenía unos veintitrés o veinticuatro años y ya había montado Pegasus. Cabe destacar que en aquella etapa mi discurso era mucho más categórico y radical, y aunque no lo mostrara de forma directa, muchas veces se podía percibir que estaba responsabilizando e incluso culpando a los padres de muchas de las situaciones que yo había vivido. Eso sí, por favor, recordad que estaba muy enfadado y triste por dentro, pero por aquel entonces aún no era consciente.

El caso es que, por mediación de un amigo, acabé visitando un centro de terapias muy famoso. Este centro tenía una característica en concreto que desde mi punto de vista lo hacía un pelín perturbador, y era que, además de realizar terapias puntuales, se practicaban procesos terapéuticos intensivos, que consistían en someter a los niños a sesiones diarias de entre cuatro y seis horas que podían llegar a durar meses; vamos, que este tipo de clínicas eran como centros de alto rendimiento deportivo donde «se entrenaba» a los niños como si fueran auténticos deportistas de élite.

Evidentemente, este tema da para abrir otro gran melón: la sobresaturación de terapias para niños y su objetivo normalizador, pero por ahora lo dejaremos a un lado, pues el que tenemos entre manos ya impone lo suficiente.

Como os comentaba, por aquel entonces ya había montado Pegasus, y gracias a las redes sociales empezaba a ser conocido dentro del mundillo de la discapacidad. Así que, cuando llegué a la recepción del centro, algunos papás que estaban esperando a sus hijos me reconocieron, y sin comerlo ni beberlo me vi rodeado por una decena de padres y madres que no paraban de contarme sus preocupaciones y dudas.

Uno de los temas que más los inquietaba era el de las operaciones: si debían operar a sus hijos o seguir con las terapias. Yo les respondí de una manera bastante rotunda algo que, después de lo que me ocurrió, jamás repetí. Les dije que, en mi opinión, intentaría evitar las operaciones en todo momento, ya que suponen un riesgo innecesario, la mayoría de las veces no salen como se espera, y te dejan en una silla de ruedas.

En cuanto acabé de pronunciar aquella frase, noté cómo algo se rompía dentro de uno de ellos. Sentí que, sin querer, le acababa de derrumbar de un plumazo el castillo defensivo que, aunque construido con naipes, había levantado con tanto esmero y cariño para protegerse de todos los obstáculos que la discapacidad de su hijo le ponía delante. Con aquel derrumbamiento, también se le cayó la máscara de superpapi, gracias a la cual podía decirle al mundo que era un luchador y que nada podría ni con él ni con su hijo.

La conversación siguió su curso, pero no podía parar de mirarlo de reojo, pues, aunque ya no participaba, yo veía que algo había cambiado en él. Su rostro, de repente, estaba menos tenso y comenzaba a adoptar una expresión más realista, más acorde con el momento que estaba viviendo. Por supuesto no transmitía alegría, pero se le notaba más presente, más conectado.

Cuando el grupo empezó a dispersarse porque los hijos ya estaban saliendo de las terapias, el padre se me acercó de forma sigilosa pero directa y con la voz entrecortada y lágrimas en los ojos me dijo lo siguiente:

—David, acabamos de operar a mi hija de las piernas y está peor que antes. Antes podía andar y ahora no. Me siento fatal, me he equivocado, ¿verdad? ¿Soy un mal padre por haber permitido que la operasen? ¿Qué puedo hacer ahora?

Os juro que no sabía dónde meterme, pues era de las primeras veces que veía cómo mi mensaje sobre la discapacidad calaba de esa manera tan dolorosa en un papá. Lo único que se me ocurrió fue darle un abrazo, y entre sollozos, tanto suyos como míos, decirle que no se culpara, que él lo estaba haciendo lo mejor que podía y, lo más importante, que fuera cual fuese la decisión que tomara, lo hacía con la mejor intención del mundo: darle lo mejor a su hija.

Todavía recuerdo el nudo que se me hizo en el estómago, y sobre todo la sensación de impotencia que sentí. ¿Qué podía decirle? ¿Que, en efecto, no la tenían que haber operado?

Y ahí van más preguntas: ¿qué otra cosa podría haber hecho el padre? ¿Realmente tenía poder de decisión? ¿O estaba totalmente condicionado por el contexto?

Yo solo te digo que, si no eres padre de un hijo con discapacidad, hagas el esfuerzo de imaginarte que sí lo eres. Te sientes solo, incomprendido y desbordado, y por eso acudes a la persona que se supone que te aportará soluciones y te indicará el camino: el médico. Y te dice que lo mejor para tu hijo es operarlo con la técnica X. ¿Qué harías tú en ese caso? ¿Le dirías que no estás de acuerdo y lo desautorizarías? Porque recuerda que él es la máxima autoridad, tiene una carrera, tres másteres y dieciocho tesis que avalan científicamente su propuesta... ¡Ha de ser jodido de la hostia, tener que verse en esa situación!

Y os aseguro que no se trata de un hecho aislado. Me atrevería a afirmar que el 99 por ciento de los padres con niños que tienen alguna discapacidad, en algún momento del desarrollo de esta se ven abocados a tener que tomar este tipo de decisiones. De hecho, hace apenas una semana viví una experiencia similar cuando conocí a una madre que estaba totalmente destrozada porque habían operado a su hija más de tres veces, y aun así no habían conseguido que pudiera andar. Entre llantos, la mujer me confesó que se había dado cuenta de que no la operaban por el bien de su hija, puesto que la niña ya era feliz, sino por ella misma, porque quería que fuera «normal».

Bufff... Crudo, ¿verdad? Llegar a esta conclusión ha de ser tremendamente complejo, más que nada porque como no dispongas de las herramientas emocionales necesarias, el mero hecho de ser consciente de que eso es lo que realmente piensas puede desgarrarte por dentro, e incluso acabar contigo a fuego lento.

Lejos de pretender que las familias carguen con esta responsabilidad, pues esa nunca ha sido mi intención, quiero hacer hincapié en cuán injusta es esta situación para los progenitores, y del alto grado de vulnerabilidad y desprotección en que se encuentran. Prácticamente están a merced de lo humano o no que sea el médico, e independientemente de eso al modelo clínico que actualmente prevalece, donde la discapacidad se ve como una patología/enfermedad que debe ser curada.

Con este capítulo no solo pretendo poner el foco en las familias, pues creo que ha quedado perfectamente plasmado el calvario que viven con estos procesos médico; también quiero destacar el papel de esos actores secundarios que, aunque ni pinchen ni corten en la toma de decisiones, son quienes reciben directamente el impacto de las mismas: los hijos.

¿Cómo creéis que puede llegar a sentirse un niño cuando prácticamente se ve convertido en una rata de laboratorio con la que los médicos ensayan las nuevas técnicas de intervención que van saliendo al mercado? O, aún peor,

¿cómo creéis que se siente cuando descubre que antes de ser operado podía jugar a la pelota con sus amigos, y ahora ya no?

Piénsalo por un instante e intenta ponerte en la piel de esos niños y niñas que con apenas seis, siete años tienen que enfrentarse a esa situación; o, si te cuesta de imaginar, quizá te resulte más fácil pensar en lo que siente un adulto al que de repente le detectan ELA y va perdiendo facultades... Desgarrador, ¿verdad?

Y yo me pregunto: ¿realmente es necesario pasar por ese sufrimiento? ¿Y si fuera necesario, con qué fin? ¿Para ser normal? Entonces... ¿en esta sociedad más importante ser normal que ser feliz? Pensadlo.

Bloques de hielo

Posiblemente, en estos momentos tu mente, como toda mente que se haya desarrollado bajo el peso del sentimiento de culpa cristiano, quiera hacer justicia y esté buscando a los culpables de esta desagradable situación. Lo más probable es que el primer blanco que identifiques sea la figura del médico. Pero ya te adelanto que dicha elección está bastante lejos de la realidad, pues si volvemos a nuestros protagonistas, el doctor Martínez y la doctora Morales, y analizamos sus perfiles tal como los he descrito, además de compartir profesión y *modus operandi*, comparten una característica que los une más todavía.

Sabes cuál es, ¿a que sí?

Su inexpresividad EMOCIONAL.

Y es que, sí, eran auténticos bloques de hielo. Pero, claro, ¿quién en su sano juicio iba a dejar fluir sus emociones en una profesión donde tus decisiones tienen un impacto tan significativo en la vida de los demás? Sus decisiones pueden llegar a ser de vida o muerte.

Y mira que, aunque no te veo, ya te imagino murmurando por dentro en modo *cuñao*: «Pues que hubieran elegido otra profesión!». Y no te juzgo por ello ¿eh?, porque, si he de serte sincero, yo también lo he pensado alguna que otra vez. Sin embargo, la verdad es que este pensamiento no aporta una mierda, porque si así fuera, nadie se dedicaría a la medicina. Y no sé tú, pero si a mí me da un cólico nefrítico, necesito que alguien cualificado me pinche naproxeno en el culo.

Es cierto que al principio a mí también me costó empatizar con ellos, pero a raíz de ser consciente de uno de mis miedos, me di cuenta de que yo, en su situación, podría haber acabado siendo igual de inexpresivo emocional.

Sigo sin verte, pero intuyo que vosotros, al igual que yo, además de ser un poco *cuñaos*, también sois unos marujones y marujonas, y ardéis en deseos de saber cuál fue el miedo que me hizo conectar con don Martínez y doña Morales, ¿a que sí?

Venga, va, os lo explico:

Como ya sabéis, debido a vuestra longevidad —pues si estáis leyendo este libro y os contáis entre la media de mis seguidores, posiblemente rocéis la cuarentena; y si no es así, disfrutad todo lo que podáis, porque cada día te queda menos para llegar a la edad provecta—, en la vida te pasan cosas, y muchas de ellas a veces no son muy buenas que digamos, y tenemos que afrontar mucho dolor y sufrimiento, como por ejemplo ante la pérdida de un ser querido o un desamor.

Pues mi miedo está directamente relacionado con esto,

y es sumamente simple: **me da auténtico pánico que estas situaciones traumáticas que vivimos más tarde o más temprano me marchiten,** y hagan que vaya perdiendo esa luz que todos tenemos y esas ganas de vivir que nos permiten exprimir cada momento como si fuera el único y que, en definitiva, nos incitan a comernos el mundo.

Y ahora que os lo he contado... ya pilláis por dónde quiero ir, ¿no? Porque, ¿cómo os imaginabais que serían los a estas alturas amigos de todos nosotros Martínez y Morales cuando eran jóvenes?

¿Tristes y melancólicos?

Ya te digo que no, estoy seguro de que eran personas con una luz increíble cuyo único sueño era ayudar a miles de niños curando cualquier enfermedad que se les pusiera a tiro, y así cumplir su ambicioso objetivo: hacer de este mundo un lugar mejor. Pero, claro, como todo sueño en sus comienzos, el suyo era más bien utópico y cuando se estrellaron contra la realidad, su energía empezó a transmutarse, y tuvieron que dejar las emociones a un lado para poder sobrevivir a todo aquel cúmulo de situaciones complejas que a partir de entonces vivirían por ser médicos.

¿Os habéis parado a pensar alguna vez cómo tiene que ser una jornada laboral interminable, durante la cual lo único que veis son cientos de casos jodidos y de padres desbordados que cargan todo el peso de sus necesidades y anhelos en vosotros? Y no solo eso: ¿cómo deben de sentirse cuando entran en un quirófano sabiendo que el porcentaje de éxito es tan bajo? ¿Y que posiblemente en algún momento tendrán que mirar a los ojos a ese niño que casi con toda certeza nunca más podrá volver a jugar a pelota con sus amigos?

Duro, ¿no? No sé vosotros, pero yo ya os digo que no me gustaría estar en su pellejo. Sé que cuando estáis pasando por un mal momento, inmersos en vuestra movidas y problemas, es muy difícil ver la situación desde otras perspectivas, o con otros matices. Pero creo que es muy importante que nos demos cuenta de que los médicos tampoco son el origen del problema. Tienen su parte de responsabilidad, por supuesto, no voy a ser yo quien se la quite, pero no olvidemos que en toda situación conflictiva, aquel al que tenemos enfrente, ya sea un médico, un político, o un «tristón» funcionario de la Seguridad Social, también es un ser humano que siente emociones y acumula experiencias, y al igual que tú también debe lidiar con ellas.

Error del sistema

Lector: Entonces, David, si nosotros los papás no somos los responsables, y los médicos tampoco, ¿quién es el responsable de someter a los niños a semejante nivel de estrés?

Bufff, buenísima y peliaguda pregunta. No sé si la quiero responder... mmm, menudo marrón. Pero como hemos venido a jugar, voy a mojarme, y te diré que el origen del problema reside en la propia base sobre la cual está configurado: **el sistema médico**, que entiende la discapacidad como una patología, es decir, como una anomalía que debe subsanarse.

Pero también te diré otra cosa, este sistema lo forma el

médico, tú, yo, todos nosotros. Así que en cierta manera tú también...

Lector de nuevo: Pero, a ver, sé claro: ¿tengo la culpa o no la tengo?

Jodida culpa, cómo nos duele, ¿eh? Pero, tranquilo, que te lo voy a explicar...

Cuando decidí adentrarme en la aventura de escribir este libro —por cierto, no me digas por qué, pero, cuando estoy totalmente desnudo en la intemperie de mi terraza, las ideas fluyen mucho mejor; mis vecinos deben de estar flipando—, tenía claro que uno de mis objetivos era despertar la conciencia de la gente acerca de temas que apenas se tratan, o a los que no se les presta la atención que merecen para evitar tener que abordarlos en profundidad.

Sin embargo, algo que también tenía claro y que para mí era superimportante, es que, más allá de querer levantar ampollas y ofender a la gente, mi intención siempre será conectar con el mayor número de personas. Aunque a veces pueda parecer lo contrario, no busco sentar cátedra ni dividir la sociedad entre víctimas y culpables, lo que realmente busco es que la incomodidad que generan estos temas nos mueva a la acción, pues no tengo la menor duda de que, que en mayor o menor medida, cada uno de nosotros tenemos la responsabilidad y la capacidad de poder cambiar las cosas.

Y, ojo, para cambiar el mundo no hace falta plantar árboles, ir de voluntariado al Congo ni montar una fundación como fue mi caso, que ya te digo que no se lo recomiendo a nadie, porque es un movidón de la hostia (¿por qué te crees que se me ha caído el pelo?). No, no, no, es mucho más fácil que todo eso.

Sé que lo que te voy a decir puede sonar a frase de «taza cuqui» total, pero lo creo sinceramente: podemos cambiar el mundo con el gesto más pequeño e insignificante de todos, **¡una simple SONRISA!**

¿No te ha pasado alguna vez que estás furibundo (para quien no lo sepa, «furibundo» significa enfadado, y es una palabra que aprendí hace poco y me da mucha risa) y cruzado con la vida, y de repente vas a comprar el pan y el panadero te sonríe de forma efusiva e indiscriminada sin razón aparente, y eso te cambia el día? Pues imagina ser consciente de ese poder e ir repartiendo amor a todo el mundo.

Y cuando digo a todo el mundo, me refiero a TODO el mundo, ¿eh?, ¡incluso a los que os caen mal! Vuestro suegro, ese compañero sabelotodo del trabajo, vuestro amigo moroso que no te paga ni *patrás*, e incluso, si me apuráis, hasta vuestr@ ex, pero no al que dejasteis por otr@, si no al que os convirtió en descendiente del padre de Bambi... a ese, a ese, sobre todo a ese. Sé que empatizar con ese ex que era vuestro novio, y cada día el de más gente, es sumamente complicado, pero una vez escuché una frase en una peli que me hizo ver las cosas de manera distinta y decía lo siguiente:

«La gente a la que más cuesta amar es la que más amor necesita», de *El guerrero pacífico.*

¡Vaya frasote, ¿eh?! Pues para que no se quede entre las frases que más te gustan de Pablo Coelho y se convierta en otra frase más de tu listado de frases motivadoras para los pies de foto de Instagram, que sé que tenéis una, pillines, os voy a poner deberes.

Imaginaos que estáis en el coche, en un atasco, y alguien os pita, se os cruza de manera sorpresiva o incluso os hace algún aspaviento. Pues bien, justo en ese instante, cuando lo que nos saldría sería cagarnos en su madre y hacerle una peineta, vamos a cambiar esas reacciones tan sumamente funcionales por otras un poquito más amorosas.

En primer lugar, obviamente, no vamos a utilizar el dedo corazón como arma arrojadiza, sino que emplearemos los dedos pulgar e índice de ambas manos para regalarle un hermoso y tierno corazón,* y, en segundo lugar, como buenos seres de luz que somos, en lugar de invocar al demonio para que se retuerza entre horribles sufrimientos, le desearemos un grandioso y bonito día.

Os juro que puede parecer una gilipollez, pero este simple hecho puede cambiaros el día. ¿Por qué? Pues, básicamente, porque os permite dos cosas: una, relativizar todo lo que os sucede, y dos, poner el acento donde realmente importa, que no es en lo que nos pasa, sino en cómo decidimos tomarnos lo que nos pasa. Cuando actuamos así, en vez de sentirnos víctimas del sistema, nos convertimos en un elemento activo que puede contribuir a cambiarlo, y en lugar de retroalimentarlo con más odio e inquina, transformarlo para que funcione de un modo distinto.

---

* Nota informativa: no me seas aventurero, y si ves que no puedes soltar el volante con las dos manos porque estás conduciendo, hazle solo medio corazón, y con un poco de suerte él te lo completará con su mano. ¿Te imaginas que acabas follando gracias a mí?

Mamá, mamá, ¿qué me están pinchando?

No sé si aún os acordaréis, pero al inicio de este capítulo dejamos literalmente en *stand by* a mi yo preadolescente en la UCI, en una situación un tanto desafortunada para su persona. Sin embargo, antes de darle al *play* para retomar su historia y ver cómo termina, quiero desvelar cuál de mis dos queridos médicos, tras librar una encarnizada batalla por ver quién conseguía hacerse con la victoria, logró introducirme primero en el quirófano, con el «loable» objetivo de enderezarme las piernas.

Y el ganador fue... Bueno, mejor dicho, la ganadora fue... ¡la doctora MORALESSS! Aunque es verdad que finalmente no me metió en el quirófano, fue la causante de que me dieran algún que otro pinchacito y de que acabara abrazado por tres gorilas en la UCI.

También te digo una cosa: menos mal que ganó ella, porque si llega a ganar Martínez, sinceramente no sé si hubiera vuelto a andar. Y es que el doctor en cuestión estaba realmente obsesionado con operarme aplicando una de sus técnicas, y ya os adelanto que no tenía pinta de ser muy agradable. Esta consistía básicamente en anclar con clavos, durante un mes, una barra de metal entre las piernas, para que tuvieran la rectitud y la orientación homologada por los normoandantes, ja, ja. Vamos, una barrabasada de las buenas.

En contraposición a este artista del cincel y el martillo, Morales propuso técnicas menos invasivas, ganándose de este modo la confianza de mis padres, y de paso haciéndose con la codiciada victoria. Estas técnicas, como os decía, se basaban casi siempre en pinchazos. Es más, te puedo asegurar que gracias a esta señora hubo una etapa de mi vida durante la cual tenía más bótox en el cuerpo que la mitad de los presentadores televisivos de este país, quienes, por cierto, como sigan así lograrán darle la vuelta a sus caras de tanto tensarse la piel.

Y sí, aunque suene extraño, estos señores y yo, además de compartir el miedo al rechazo —que, a juzgar por lo que les han hecho a sus rostros, sin duda lo tienen—, compartimos el bótox como elemento común. Debo aclarar que Botox es su nombre comercial, pero en el mundo de la discapacidad se conoce por su nombre original, toxina botulínica, y es famoso porque tiene la propiedad de paralizar temporalmente los músculos, disminuyendo así el tono muscular y permitiendo una mayor movilidad.

¿Qué ocurría con esta técnica? Pues que, como bien decía el prospecto, era temporal, y cada seis meses aproximadamente te tenían que volver a pinchar. Si bien es cierto que para administrar las inyecciones no era necesario ir al quirófano, esta técnica no resultaba menos estresante y erosiva para el paciente, es decir, para mí. Y es que, una y otra vez, veías cómo lo que ellos llamaban avances, desaparecían al cabo de poco y volvías a encontrarte en el punto de partida, pero con la extraña sensación de que eso estaba ocurriendo porque, en cierta manera, no te habías esforzado lo suficiente en el fisio.

Era evidente que esta técnica hacía aguas, de modo que se inventaron otra técnica maravillosa, que fue la causante de que acabará en la UCI. Se llama BOMBA DE BACLOFENO.

Perdonadme un momento, pero no puedo evitar imaginarme a King África ataviado con una bata de médico, acompañado de unas enfermeras sexis y cantando su *hit*

«Esto es una... Bomba», para presentar esta nueva técnica. Disculpadme por ser tan heterobásico, pero es que todavía sigo en deconstrucción, espero que podáis quitaros esta imagen de la cabeza y seguir conmigo en esta historia. Prosigamos. ¿Y en qué consistía esta nueva técnica? Aunque es verdad que tanto la toxina botulínica como la bomba de baclofeno son tratamientos para la espasticidad, funcionaban de un modo distinto. El bótox se inyecta en los músculos que se desean relajar, mientras que la bomba de baclofeno es un dispositivo que se implanta dentro del cuerpo y administra de forma continua el medicamento en el líquido cefalorraquídeo de la médula espinal, y por consiguiente tiene un impacto más generalizado y más duradero.

No hace falta decir que, cuando este tratamiento se puso de moda, y como buen conejillo de Indias que yo era, la doctora Morales no dudó en probarlo conmigo, y esa prueba era precisamente la que me estaban haciendo en la UCI al comienzo de esta historia. Y ahora, sin más dilación, vamos a darle al *play* para continuar donde lo habíamos dejado y averiguar si este nuevo invento tuvo el resultado que ellos esperaban.

(En susurros) Spoiler: no funcionó,
¡mi forma de andar no la domina ni Dios!

Un pequeño paso para la humanidad, un gran hostión para David

Volviendo a echar mano de los recursos cinematográficos que tanto me gustan, emplearé la típica entrada «En capítulos anteriores...» para hacer un *refresh* rápido y que la vuelta a esta historia no nos pille desprevenidos. Eso sí, le añadiremos un puntito de dramatismo para que la cosa adquiera cierta tensión artística y, sin más dilación, continuaremos con la intensidad bien arribota, allí donde lo habíamos dejado.

Así que, dentro narrador con voz grave y penetrante:

En capítulos anteriores, pudimos ver a nuestro querido y carismático protagonista sumido en el más auténtico pavor e indefensión que un ser pueda experimentar, al verse inmovilizado por un trío de malévolos albanokosovares. Y entonces, cuando pensaba que la situación no podía empeorar, un terrible médico, con aires de investigador de las SS nazis, procedió a inocularle un temible fármaco en la espalda...

¡Corta, corta! Disculpadme, pero el presupuesto no me daba para un buen narrador, y me ha tocado el suplente de una de esas fotonovelas turcas que ahora están tan de moda y que tienen a las abuelitas locas. En cualquier caso, creo que nos ha servido para recordar dónde habíamos dejado la historia: justo cuando me acababan de pinchar en la médula espinal.

Os prometo que nunca había sentido tanto dolor como aquel día. Es más, puedo certificar que cuando las mujeres dicen que no hay nada más doloroso que la epidural, tienen toda la razón del mundo: duele que te cagas.

Recuerdo sentir un dolor superpunzante y que me recorrió la columna vertebral en dos sentidos, uno hacia el mismísimo ano, hasta el punto de que pensé que me iba a cagar allí mismo, y el otro hacia el cerebro. Fue tan intenso, que este último debió de desconectarse varias veces, ya que hay partes de esta historia que no recuerdo. Por ejemplo, no os puedo decir cuánto tiempo pasó desde que me pincharon hasta que me pidieron que caminara, no sé si fueron diez segundos o diez minutos. Lo que sí recuerdo con exactitud es lo que vino después.

Me encontraba rodeado por una docena de personas, entre las que se hallaban mis padres, cuatro o cinco enfermeras, un par de celadores, la doctora que cortaba el bacalao y hasta un puñado de estudiantes en prácticas. Vamos, que tenía allí a todo el mundo, expectante e impaciente por saber cómo había salido la prueba. Os juro que la escena era como cuando tienes una discapacidad y pasas por delante de un grupo de señores mayores, que te miran como si fueras un marciano venido de otra galaxia. Pues fue exactamente igual, todos mirándome fijamente, esperando a que diera un par de pasos.

Y nada, ahí estaba yo, dispuesto a dar mi primer paso, cuando de repente sentí que todo mi cuerpo se desconectaba y me desmoronaba cual torre de Jenga cuando sacas la ficha que no debes.

¿El resultado? Pues que me di una hostión MONUMENTAL.

No te creas, alguno de los presentes incluso se dignó a adelantar un brazo y cogerme en el aire. No, no, me dejaron estamparme contra el suelo cuan largo era. Supongo que pensarían que les estaba vacilando y que les haría el típico amago de que te vas a caer, pero no. Aunque lo que realmente sucedió fue que sí, que me caí y me di un buen trompazo.

Como ya os adelantaba, la prueba no funcionó, principalmente porque aquel fármaco era mucho más potente que la toxina y se utilizaba en casos de parálisis cerebrales que provocaban un tono muscular mucho más alto que el mío. Por fin me levantaron del suelo y me tumbaron en la camilla de la UCI para que se me pasara la cogorza que ellos mismos me habían provocado.

Dentro de lo malo, gracias a este pequeño traspiés, me libré de vivir durante el resto de mi vida pegado a una bolsa y, lo mejor de todo, no me convertí en un adicto a una sustancia psicotrópica como el baclofeno. Y es que, no sé qué pensaréis vosotros, pero tiene una pinta de colocar que flipas. Es más, como algún día la jetset televisiva se entere de que existe una sustancia más potente que el botox, pufff, acababan con todos los suministros mundiales en tres meses.

Excentricidades aparte, una vez más no sabría deciros hasta qué punto este suceso me afectó psicológicamente. Puede que algunos hayáis tenido ocasión de ver la segunda entrega de *Del revés*, pero hay una parte que me recuerda muchísimo todo esto. En la película, Alegría, la emoción protagonista, se encargaba de lanzar todos los recuerdos que pudieran causarle algún trauma a la niña a lo más hondo de su mente, es decir, al inconsciente.

Y si eso es cierto y tiene alguna base científica, mi Alegría particular debió de padecer un estrés de la hostia, sobre todo cuando yo era pequeño, porque tuvo que enviar tantas experiencias a lo más hondo, que hoy en día aún sigo buceando para rescatarlas, y que dejen de lastrar y condicionar al adulto que soy ahora.

6

Cuando el dinero entra en juego

Como ya te habrás dado cuenta, este libro no sigue mi vida de una manera cronológica al cien por cien, ya que, en tan solo cinco capítulos, hemos hecho más viajes en el tiempo que McFly y Doc en la trilogía de *Regreso al Futuro*. Sin embargo, lejos de ser un error en mi forma de narrar, que podría serlo perfectamente, esto tiene una explicación más lógica de lo que parece y te la voy a mostrar con un ejemplo superpráctico.

Imagínate que ahora mismo tú y yo cerramos los ojos y comenzamos a observar nuestras mentes. Lo primero de lo que nos daríamos cuenta es de que el cerebro nos va más rápido que una locomotora sin raíl. Vamos, que saltamos de un pensamiento a otro en tan solo una milésima de segundo.

Estos pensamientos suelen ser de tres tipos: tareas que tenemos que hacer, quejas de gente que teóricamente nos hace la vida imposible y recuerdos del pasado. Si dejamos a un lado los dos primeros y nos centramos tan solo en los recuerdos del pasado, verás que estos llegan a tu mente de manera desordenada y sin ninguna lógica aparente.

Pero si comenzamos a desentrañar ese batiburrillo de recuerdos y los etiquetamos según emociones como la tristeza, la alegría o el miedo, y a la vez los graduamos en función de si han sido positivos o negativos para nosotros, nos daremos cuenta de que efectivamente tienen un orden y un sentido. No están ordenados como la asignatura de Historia que utiliza la muerte de Cristo como marco de referencia, sino que se ordenan según el nivel de carga emocional que esas historias generaron en ti. Por eso puedes encontrarte con un recuerdo de cuando tenías ocho años, seguido de uno de cuando tenías dieciocho, y luego volverte a encontrar con otro de cuando tenías diez.

Aclarado esto, reto a cualquier lector, fan de *Juego de tronos*, cuyo nivel de frikismo sea tan grande como para haber creado un mapa conceptual de las familias de esta famosa serie, a que haga lo mismo conmigo, pero ahora, en vez de ordenar a los de Poniente, lo desafío a ordenar todas las historias del libro de forma cronológica, y a interrelacionarlas para que podamos visualizar cómo mis experiencias de la infancia marcan de manera directa mis aventuras más recientes. ¡A quien lo consiga le prometo que incluiré su trabajo en las próximas ediciones del libro!

Bueno, antes de seguir con los viajes en el tiempo, tengo que deciros algo: me encanta hablar de temas de los que pocos se atreven a hablar, pero... que muchos piensan. Sobre todo, de aquellos temas «semitabú», que cuando los sacamos a la palestra nos provocan una especie de fractura cerebral y nos enfrentan a nuestra moralidad de «personas decentes y ejemplares».

Y si hay un tema que me la pone especialmente dura,

es sin duda el que vamos a abordar en el siguiente apartado: el capitalismo y la discapacidad.

Capitalismo y discapacidad

Porque, sí, damas y caballeros, la discapacidad, lo social en general, no se libra de la monetización, no, no, no. Es más, te diría que es uno de los sectores más rentables y en auge del mundo.

Y digo «en auge» porque, por mucho que mis amigos antes mencionados, la doctora Morales y el doctor Martínez, junto con sus otros amigos del gremio, quieran eliminar la discapacidad a golpe de bisturí, la discapacidad no va a desaparecer. Al revés, cada día hay más.

No sé si eso se debe a que los sistemas de detección son cada día mejores o a que los baremos son cada vez más bajos. Porque no sé tú, pero ¿a cuántos *baby boomers* «aparentemente» normales conoces a los que de repente les han diagnosticado autismo o TDAH? Yo ya conozco a unos cuantos, ¿eh? Y, perdonad que os diga, pero tener la atención fragmentada y pasar compulsivamente de una tarea a otra como si la vida fueran videos de TikTok... no sé yo si eso es una discapacidad con base neurológica, o si lo que nos pasa realmente es que nos da tanto miedo parar y mirar dentro de nosotros que preferimos entretenernos y anestesiarnos con unos cuantos kilogramos de basurita cognitiva.

En resumen, ¡la discapacidad es un auténtico NEGOCIO! Y de los buenos.

Pero ante todo quisiera aclarar que no es culpa de las miles de empresas privadas con fines cien por cien lucrativos que giran alrededor de la discapacidad, ofreciéndonos servicios y productos que, por supuesto, también suman. No, no, no. Esto se debe a que el propio sector está configurado de tal manera que por el simple hecho de existir ya genera billetitos. Y ojo, esto en sí no está mal. De hecho, cualquier buen proyecto que se precie debe generar suficientes ingresos para sostenerse, pagar bien a sus trabajadores y ser duradero en el tiempo. Hasta ahí, todo maravilloso.

Pero ¿qué pasa? Pues que no debemos olvidarnos de una cosa muy importante, que a diferencia de las empresas tradicionales, cuyo fin principal es facturar y punto, el fin —y el origen en sí— de cualquier entidad social es solucionar, mitigar o dar cobertura a una problemática social, que en este caso es la gran vulnerabilidad sociocultural que viven las personas con discapacidad y sus familias por el simplemente hecho de tener cualquier tipo de discapacidad.

Por tanto, el problema no está en facturar, sino en cómo se genera dicha economía, cuyo motor económico se sustenta en dos principios de origen cristiano que, más que empoderar y fomentar la autonomía de las personas con discapacidad, las autodiscapacitan aún más. Estos principios son el **paternalismo** y la **beneficencia**.

¿Todos iguales? Para lo que nos interesa

Ahora sí, vamos a volver a nuestros viajes en el tiempo y montaremos en el Delorean, junto a Doc, para transportarnos unos añitos atrás, concretamente al 3 de diciembre de 2011.

Por aquel entonces yo tenía casi dieciocho años y estaba lidiando con los dos momentos vitales más complicados y desesperantes para cualquier adolescente.

Por un lado, estaba luchando con la hipersensibilidad «penil» que todo joven masculino padece a esa edad, que cuando menos te lo esperabas, se te ponía eso como la torre de Pisa. Y la cosa se complicaba especialmente cuando ibas al fisio, porque, claro, te dejaban ahí en cueros, totalmente expuesto y desprotegido, y como algún biorritmo interno se accionara por lo que fuera, terminabas apuntando a tu fisio con tu telescopio de 2 × 2. Una situación más bien incómoda.

Y, por otro lado, estaba intentando comprender quién cojones era yo y cuál era mi papel en el mundo, tratando de encontrar ese lugar donde formas parte de un todo, eres aceptado y te sientes como uno más.

En esa búsqueda empedernida por encontrar mi lugar, yo miraba hacia el mundo de la discapacidad, porque, claro, era donde la sociedad me había dicho que estaba mi lugar. Y os juro que hice un buen análisis de mercado: investigué miles de fundaciones y asociaciones y analicé todos los referentes posibles. Pero, no me digáis por qué, había algo ahí, intrínseco en el ambiente, que me chirriaba de la hostia. En ese momento no podía ponerle nombre porque no sabía exactamente lo que era, pero os juro que mi sentido arácnido decía que había algo que no funcionaba y que no era congruente del todo.

Y justo ese 3 de diciembre de 2011, mientras veía el telediario de TVE y procedía a ingerir los alimentos que mi dulce madre había preparado con tanto cariño, fui consciente por primera vez de qué narices era eso que no me encajaba.

Para aquellos no sean asiduos al mundo de la discapacidad, el 3 de diciembre no es un día cualquiera para el sector, es el Día Internacional de las Personas con Discapacidad. Ese día todos los discapacitados, sus familias, las asociaciones, las fundaciones y los referentes salen a la calle a reivindicar que TODOS SOMOS IGUALES, y que por el hecho de tener una discapacidad nadie debería toparse con barreras para acceder al ocio, a la salud o al trabajo.

Y ahí me encontraba yo, viendo el reportaje sobre ese día, donde los protagonistas mostraban al mundo *tooodas* las injusticias habidas y por haber a las que nos enfrentamos como personas con discapacidad, cuando de repente, al terminar el reportaje, saltó un curioso y «casual» anuncio de una famosa fundación de discapacidad que no voy a nombrar, al menos por ahora, en el que básicamente te mostraban la historia de superación de un «pobre» niño ciego, eso sí, muy pero que muy guapo, a través del cual te tocaban la patata, y remataban el anuncio con el famoso *call to action* «envía DONA al 1111».

Fue acabar el anuncio y en no más de tres milésimas de segundo mi cerebro lo conectó todo, y en su interior sonó el famoso ¡EUREKA! de Arquímedes. Y es que por fin había resuelto el dilema. ¡Lo tenía! Acababa de encontrar aquella incongruencia que me traía por el camino de la amargura.

¿Quieres saber cuál era? Eeeh... No sé si contártelo ya, o meter otra historia intermedia de esas que no aportan nada a la trama principal pero que me encantan porque me hacen mazo de risa. Pero... voy a ser bueno y desvelaré el misterio. Aunque en realidad ya te lo he contado, y posiblemente hayas llegado a la conclusión por tu cuenta. Pero, por si acaso, te lo aclaro a continuación:

¿Qué era aquello que me chirriaba? Pues muy sencillo: cada 3 de diciembre veía cómo la gente y las entidades salían a la calle a reivindicar que todos éramos iguales, exigiendo a la sociedad que nos tratara como a cualquier persona normal. Pero el resto de los días, bueno, y ese día también, transmitíamos un mensaje totalmente contrario a través de la forma que tienen las entidades sociales de financiarse. Que como ya he adelantado antes, se basan en la beneficencia y el paternalismo.

Porque no sé tú que pensarás, pero poner a un chavalito semiguapo con algún tipo de afección visible, como la falta de un brazo o la representativa caída de la baba, para activar la responsabilidad social a través de donativos o la participación en voluntariados... No sé yo si eso transmite un mensaje realmente empoderante y motivador a las personas con discapacidad, ¿eh?

Y es que debemos tener clara una cosa muy importante: aunque la beneficencia y el paternalismo tengan un fin positivo, tal como podemos ver en sus definiciones, el impacto psicológico que provocan tanto en las personas con discapacidad como sin ella no es nada positivo.

- Beneficencia: práctica consistente en realizar acciones de caridad y ayuda social con el fin de mejorar las condiciones de vida de las personas necesitadas.

- Paternalismo: actitud o política mediante la cual una persona, organización o gobierno toma decisiones por otros, con la intención de protegerlos o promover su bienestar, pero limitando su autonomía y capacidad de tomar sus propias decisiones.

En otras palabras, cuando tú ayudas al necesitado, sin querer surge en tu cabeza una imagen psicológica de superioridad e inferioridad, es decir, que ayudas desde arriba al de abajo. Vamos, al que tiene un problema. Y, claro, ahí entran en juego dos emociones muy famosas: **la pena y la vanidad**. Unas emociones que, por supuesto, todos tenemos, yo el primero. Pero que, en relación con nuestro tema, igualdad, lo que se dice igualdad, no es que generen mucha, ya que de manera inconsciente crean pensamientos de separatividad y dependencia entre ambas partes. Lo que realmente generan es un negocio de la hostia.

Y esto, no es algo que desconozcan las entidades sociales lo saben perfectamente y se aprovechan de ello todo lo que pueden y más. Si no que se lo digan a la organización humanitaria de ámbito mundial más veterana de todas, cuyo símbolo es de color rojo con sus campañas agresivas de captación de socios, que, tras apelar a tu corazoncito, te mete la mano en el bolsillo y te saca sin comerlo ni beberlo una suscripción de 50 pavos al mes. O a la mismísima organización protagonizada por personas con discapacidad que juegan a cierto deporte en cierta película, que hizo el agosto de lo lindo. Es más, no sé quién se llenó más los bolsillos, si el director con la creación de la peli o la organización de marras vinculando el filme a la venta de su producto estrella.

Por cierto, manda cojones que en plena era de la «importancia de la salud mental» nadie haya alzado la voz para denunciar que se permita asociar lo social con el juego. Porque no nos tiembla la mano para cancelar a ciertas webs de apuestas deportivas, mientras que la organización a la que me estoy refiriendo genera la misma ludopatía, o incluso más, gracias a su gran sobreexposición, y nadie dice nada. Pero, claro, como sacan a un par de discapacitados en el anuncio y te dicen que si compras sus productos contribuirás a que las personas con discapacidad lleguen a ser campeones, a las familias que se arruinan por su adicción al juego debe de dolerles menos, porque saben que al menos han contribuido a un fin social.

En resumen, el sector de la discapacidad y lo social es un auténtico negocio, que pide igualdad pero genera todo lo contrario: dependencia, **perpetuando de esta manera la discriminación social, pero cambiando la valencia de negativa a positiva.**

¿1 + 1?

Oye, antes de continuar, no sé cómo lo ves, pero creo que deberíamos hacer un minuto de silencio o algo por más de una asociación sin ánimo de lucro, ¿no? Porque les acabo de meter una pedazo de hostia «moral» que se ha escuchado hasta en Parla.

Tengo que decir en mi defensa que he sido bueno. Podría haber sacado otro temita así, tonto y semi candente, como son las condiciones laborales que tienen los cuponeros. Que no se si lo has pensado alguna vez, pero deben de ser maravillosas.

Porque no sé tú qué opinarás, pero estar ocho horas metido en un cubículo de 1m² sin baño debe de generar un empoderamiento personal de la hostia. Y eso, si tienes suerte, porque si no, te toca pasarte toda tu jornada laboral en la puerta de algún supermercado vendiendo boletos, haga sol, llueva o truene. Lo bueno de este segundo caso es que, al menos, tienes un compañero de trabajo, ya que sueles estar acompañado por algún sin techo. Incluso antes de la crisis, aprendías idiomas y todo, porque la mayoría eran de fuera. Vamos, un verdadero lujo.

Es verdad que te había dicho que iba a ser bueno y no sacar más *beef*, y prometo que mi idea inicial era mencionar el tema así como si nada, en tono sarcástico, y continuar con nuestras cosas. Pero ya que estamos, no vamos a perder la oportunidad de debatir sobre este tema tan guapo, ¿no?

Y es que, necesito que me eches una mano, porque tengo una cuestión en la cabeza, que no paro de darle vueltas intentando encontrar una respuesta consistente que me convenza y no lo consigo del todo. La pregunta es la siguiente:

«¿Cuál es la diferencia entre el que te pide dinero para cupones y el que te pide para comer?».

Porque más allá de las diferencias vitales de cada uno, que son bastantes, y que uno está patrocinado por el Estado y el otro no, ambos utilizan el mismo mecanismo para llamar tu atención: tu compasión (o, siguiendo el hilo de lo mencionado antes, **la pena y la vanidad**). Es más, son tan parecidos que estoy seguro de que a más de uno le ha pasado lo de dar el brick de leche a la persona equivocada. Tengo que reconocer que una vez me pasó a mí...

Supongo que ahora mismo alguno de vosotros, mis queridos y carismáticos amigos lectores, estará jurando en arameo por atreverme a «criticar» a organizaciones que generan tanto bien en este país, dando trabajo a miles de personas con discapacidad.

Y ojo, es totalmente cierto que muchas entidades han generado y siguen generando mucho valor. Una cosa no quita la otra. La cuestión que planteo es muy simple: ¿a costa de qué?

¿De perpetuar la visión social de inferioridad que tienen las personas con algún tipo de discapacidad, utilizando su dignidad como medio de monetización? O peor aún, ¿a costa del sufrimiento de personas vulnerables que se ven atrapadas en la adicción al juego?

Uffff... No sé yo, si realmente esto merece la pena, ¿eh? Creo que prefiero estar en el paro y con mi autoestima intacta que ser contratado por pena y condescendencia. Lo que sí tengo claro es que cualquier entidad social que funcione a través de la beneficencia y el paternalismo jamás conseguirá esa deseada igualdad de la que tanto nos vanagloriamos. De hecho, conseguirán todo lo contrario, siendo parte activa del problema y potenciando aún más la brecha social existente entre las personas con y sin discapacidad.

Para una vez que soy VIP de algo, vamos a aprovecharnos, ¿no?

Otro tema que me pone más caliente que la cola de Charmander y tiene relación directa con la monetización y/o aprovechamiento de la discapacidad es sin duda la DISCRIMINACIÓN POSITIVA, que en teoría es otra herramienta maravillosa para conseguir la igualdad. *Spoiler*: no funciona.

Por ponerme un poco técnico, y para que veáis que, pese a todo el poligonerismo que hay en mí, también existe una gran parte culta y racional, os diré que la discriminación positiva nace en Estados Unidos, en la década de 1960, con el fin de reducir las grandes desigualdades históricas y estructurales que sufría tanto la población afroamericana como otras minorías raciales.

Más allá de entrar en el típico debate de si la discriminación positiva promueve la igualdad o si simplemente desplaza la discriminación a un lado, lo que quiero mostraros es el impacto que estas praxis tienen en nosotros, las personas con discapacidad. Pero antes te pondré un ejemplo palpable, para que podamos ponernos en situación.

No sé si lo sabes, pero las personas con discapacidad, cuando vamos a un parque de atracciones, pagamos menos, o incluso no pagamos directamente. Otra ventaja que tenemos es que en las colas que se generan en cada atracción, nosotros disponemos de un carril rápido que nos evita tales esperas.

Por cierto, ¿sabes cómo se llama el carril rápido del Parque Warner? ¿A que no lo adivinas?

Pues se llama... —dentro música épica. Ah, por cierto, por si se te ha olvidado, necesito que recuerdes mis andares para que pilles esta gracia, ¿vale?—. Pues se llama... ¡¡¡CORRECAMINOSSSSSS!!!

Aisss... qué maravillaaa. No sé quién habrá sido el iluminado de marketing que le ha puesto ese nombre, pero, sin duda, además de ser un cachondo, lo ha clavado. Nos viene que ni al pelo.

Bromas aparte, creo que con este ejemplo ya hemos conceptualizado suficientemente el tema para poder introducirnos en cuestiones más profundas, como la siguiente:

¿Qué te parece que yo no pague en los parques
de atracciones o que no tenga que esperar colas
simplemente por tener una discapacidad?

Te parece ¿BiEN?, te parece ¿MAL?

Mientras piensas y le das un poco al coco, te diré que siempre que hago esta pregunta en mis charlas, efectivamente surgen estas dos posturas.

Por un lado, están aquellos a los que les parece mal, y que argumentan que, independientemente de mi condición, disfruto de las atracciones de la misma manera que ellos. Por tanto, piensan que debería pagar, y si no tengo ninguna dificultad que me impida esperar en la cola, debería hacerlo igual que ellos.

Y por otro lado están aquellos a los que les parece bien, argumentando que el simple hecho de ser una persona discapacitada en esta sociedad conlleva muchas dificultades, tanto sociales como económicas, y que, sin medidas como estas, la exclusión sería aún mayor.

Lo cierto es que, si analizamos en profundidad cada postura y las vemos desde diferentes perspectivas, nos daremos cuenta de que, aunque parezca contradictorio, ambas tienen una gran parte de verdad. Sin embargo, todos somos conscientes de que, como bien dice su nombre, la discriminación positiva no deja de ser otro tipo de discriminación.

En lo que a mí respecta, debo reconocer que esta herramienta social, gustarme, lo que se dice gustarme... nunca me ha gustado. Y esto se debe a que cada vez que me he aprovechado de estas medidas, sentía que estaba prostituyendo mi valor como persona, y que tanto yo como la sociedad estábamos reduciendo el tema únicamente a una característica negativa, que es tal como se considera hoy en día la discapacidad.

Por eso, actualmente, siempre que puedo, intento pagar y hacer cola igual que todos. Eso sí, también debo decir que seguir este principio en parques de atracciones famosos como Disneyland París se complica un poco bastante. Todavía recuerdo la cara de una de mis ex cuando le dije que en vez de pagar 20 euros los dos con el descuento de discapacidad y no tener que hacer cola, íbamos a pagar cada uno 120 euros y hacer colas de más de cuatro horas. No sé si fue por eso o por lo desastre que soy en casa, pero meses después me dejó fulminantemente...*

Siempre que cuento esto en mis conferencias, evidentemente genera bastante sorpresa, pero sobre todo genera una gran aceptación general. Sin embargo, hay un segmento de público al que esto no suele encantarle tanto, ya que se enfrenta a una considerable disonancia cognitiva.

¿Quiénes forman parte de este segmento? Pues suelen ser personas con una discapacidad intelectual leve.

Como ya os podéis imaginar, la primera vez que compartí mi enfoque sobre la discriminación positiva a un grupo de personas con discapacidad intelectual recuerdo que uno de ellos me dijo todo indignado:

—¡Joer, David, para una vez que somos VIPS de algo, vamos a aprovecharnos!

A lo cual yo le contesté inmediatamente:

—Perfecto, pero entonces no me digas que quieres que tus padres, la gente, la sociedad en general, te traten como a una persona «normal» cuando tú mismo les estas dicien-

---

* Posdata para la ex: ¡Bárbara te quieroooooo!

do con tus actos que eres diferente y que por eso mismo necesitas más ventajas o ayudas que otros.

Recuerdo que tras mis palabras hubo un gran silencio que fue roto por una ingeniosa pregunta de otro de ellos a uno de sus monitores:

—¡Profeee! ¿Cuándo nos llevarás a Disneyland París? Es que David ha dicho que si tienes una discapacidad solo te cuesta 20 euros, y no hay que hacer cola. ¡Yo quiero!

Evidentemente, la sala rompió a reír ante aquella genialidad, y «Juanito» se convirtió en el MVP de la jornada. Pero más allá de lo simpático que fue el momento, refleja a la perfección cómo la beneficencia y el paternalismo impactan en las personas con discapacidad y demuestra que a menudo el ser humano prefiere coger la vía rápida, la del refuerzo positivo fácil, aunque con ello tenga que dejarse sus valores por el camino.

También quiero decir, sobre todo para los de piel fina, que, aunque me joda, con el tiempo me he dado cuenta de que, debido a la gran discriminación que padecen muchos colectivos, la discriminación positiva es supernecesaria. Sin embargo, lo que yo propongo es instaurar un *timing*, un sistema de temporalidad. Es decir, que cuando se cumplan ciertos hitos sociales vayamos eliminando esas ventajas para evitar que la discriminación se traslade de una cara de la moneda a la otra.

La discriminación nace en la sociedad, pero se perpetúa en el colectivo

¡BOOOM! ¡Qué pedazo de BARRA me acabo de marcar para titular y comenzar este apartado, ¿eh?!

Eso sí, antes de desarrollar esta frase, debo aclarar qué significa eso de «barra», sobre todo para que los *boomers* no se sientan discriminados y se enteren de lo que estamos hablando.

El concepto «barra» no se refiere a las que hace el panadero en el horno, no, no, no. Es una palabra típica del argot de los raperos, donde una «barra» es una línea de rap muy buena, cargada de significado o ingenio. Es verdad que esta concepción era de mi época, porque ahora los jóvenes de la Generación Z han adoptado este término para referirse a cualquier frase que contenga una verdad muy potente.

Así que, después de esta miniclase de palabrería juvenil que acabo de marcarme para que los séniors que me leen puedan hacerse los modernos y los enrollados con sus hijos o sobrinos, prosigamos con el desarrollo de esta potente y contundente «barra» con la que hemos comenzado.

Si yo te preguntara ahora mismo por qué crees que tener una discapacidad se ve como algo negativo en esta sociedad, posiblemente una de las cosas que me dirías es que se debe a cómo la propia sociedad trata la discapacidad y, por ende, lo diferente. Y en cierta medida puede que tengas razón. Pero, como siempre digo, la sociedad la hacemos todos, y por mucho que echemos balones fuera, seguro que, de una manera u otra, algo sumamos al «problema».

Y a esta dura pero reveladora conclusión llegué la primera vez que participé como deportista profesional en una competición de natación adaptada. Por cierto, para los que no sepáis qué es la natación adaptada, básicamente es una versión de la natación convencional donde nos juntan a todos los nadadores que estamos mal hechos y nos ponen a nadar.

Ah, y otra cosa, quiero deciros algo superguay referente a este tema: ¡FUI CAMPEÓN DE ESPAÑA en 50 metros braza! ¡FLIPAS, ¿EH?! ¿Y a que no sabéis cómo lo conseguí? Pues muy sencillo, éramos tres, uno se puso malo ¡¡¡y me tocó ganarrrrrrrr!!! Vamos, que éramos tan pocos que si te organizabas bien el año, todos ganábamos algo. Así que, si algún día una persona con discapacidad te dice que es campeona de España, dile que te enseñe la foto del podio. Verás cómo rápidamente se le pone la cara blanca y no sabe ni qué decirte, porque claro, si te la enseña, verás que está solo él en el podio.

Bueno, después de esta *tiraera* totalmente gratuita a los deportistas discapacitados vamos a proseguir con el tema, que me enrollo más que las persianas.

El caso es que la primera vez que competí observé algo que me llamó muchísimo la atención. En medio de una de las series, me encontré a un grupo de discapacitados físicos riéndose de unos nadadores con síndrome de Down. Y claro, yo flipaba en colores, pensando: «¡Nooo, locos, así nooo! ¡Que somos *brosss*!». Quiero decir que mi mente no podía entender cómo alguien que sabía lo que era que se rieran de uno por tener una discapacidad pudiera hacer lo mismo con otras personas que también lo estaban viviendo. Y es que en todo colectivo hay clases.

En el caso de la discapacidad, te encontrabas a los ciegos y los sordos, que estaban en la punta de la pirámide y eran los putos amos; luego estamos los físicos, que no estábamos mal del todo y hacíamos lo que podíamos; y finalmente, en la base de la pirámide, se encontraban los intelectuales, que literalmente eran la última mierda.

Algo muy curioso del caso, y que visibiliza la propia discriminación que hay dentro del colectivo, era que cada sección de esta pirámide imaginaria que os acabo de mencionar estaba representada por una federación deportiva diferente. Incluso en el caso de las personas con discapacidad intelectual, no solo es que tuvieran una federación distinta (FEMADI), sino que también tenían competiciones exclusivas, aumentando más aún la diferenciación y segregación de sus miembros.

En este punto, y habiendo mencionado el tema de las federaciones, me imagino que muchos de los que me estáis leyendo y conocéis cómo funciona este mundillo, os estaréis frotando las manos con ganas de que les meta cera de la buena. Pero, sintiéndolo mucho, eso no va a pasar, pues mi objetivo ahora no es cargar contra el sistema, al que ya le hemos dado duro hace un par de páginas, sino destacar la responsabilidad que tenemos cada uno de nosotros en todo ello, una responsabilidad que rara vez ejercemos.

Porque se nos llena la boca cada vez que hablamos de la importancia de la inclusión de la diversidad en nuestro tejido social. Pero es que, además de no tener una idea clara de lo que realmente significa la inclusión —ese sería otro tema—, **¿realmente la queremos y la buscamos? ¿O solo nos juntamos por interés, cuando, de una manera u otra, nuestro ombligo se ve afectado por alguna «injusticia»?**

Ya que estamos, quiero compartir algo que he aprendido en estos años como director de la Fundación Pegasus: **el origen del asociacionismo es completamente egoísta.** Es lícito, por supuesto, pero sigue siendo cien por cien egoísta.

Me estoy dando cuenta de que cada vez que digo cosas

de estas, tan políticamente incorrectas, me la estoy jugando para que tires el libro por la ventana y no termines de leerlo. Lo cual sería una verdadera lástima, porque, como en todo buen capítulo de *Juego de tronos*, lo mejor se reserva para el final.

Sin embargo, al igual que pasaba con la opinión negativa de tus padres sobre ese/a novi@ que «tan buen@» era para ti y finalmente se convirtió en tu ex, que al principio te escocían sus palabras, pero con el tiempo te diste cuenta de que había cierto grado de verdad en ellas, lo mismo ocurre con esta afirmación. Puede que a alguien le resulte hiriente, pero contiene altas dosis de verdad. A continuación, voy a intentar demostrártelo, aun a riesgo de que los ideales que conservas estancados en tu cerebro se resientan de mis palabras.

¿En qué me baso para decir que las asociaciones se crean desde el egoísmo? Pues en uno de los principios animales más básicos que existen: **el instinto de supervivencia y cooperación.**

Porque, cuando uno tiene un problema, de la índole que sea, tiende a unirse a más gente que se esté enfrentando a la misma situación, o a una similar, para sumar más fuerza social y tener más posibilidades de resolver «su» problema. Y si no estás de acuerdo conmigo, solo tienes que observar cuántas asociaciones de autismo hay en España... y no solo eso, analiza el buenrollismo que mantienen entre sí, que ya te adelanto que es ninguno.

En resumen, nos comportamos como una manada de leonas luchando con otra, a fin de obtener el mayor número posible de filetillos de antílope, aunque en este caso los filetillos representan los donativos que desde las distintas entidades tratamos de obtener valiéndonos de la pena.

Aunque... pensándolo bien, comparar el sector de la discapacidad con un animal tan vigoroso y trabajador como es el león creo que es pasarse. Más bien nos parecemos a unos seres un pelín inferiores, los buitres. Estos son tan cobardes y vagos que se dedican a esperar a que otro depredador deje semimuerto al antílope para aprovechar y llevárselo sin mucho esfuerzo.

Oye, no es por nada, pero qué símil más guapo me acabo de sacar de la chistera para referirme al modelo de beneficencia y paternalismo que seguimos las asociaciones. Me gusta ¿eh? Y para quien piense que soy un exagerado y un bestia voy a compartir una de las cosas que me dijo un político del ámbito de lo social cuando empecé con mi andadura con Pegasus:

—David, tu proyecto es increíble y propone darle al sector de la discapacidad ese giro que tanto necesita, pero tengo que decirte algo: te van a poner muchas zancadillas por el camino, y no serán nuestras, de los políticos, sino de las mismas asociaciones y fundaciones, porque te verán como su competencia, y como a alguien que está poniendo en peligro su modelo paternalista de financiación. Y es que, aunque te cueste creerlo, muchas de ellas se han olvidado de sus orígenes sociales y se mueven exclusivamente por intereses económicos.

Y con estos maravillosos ánimos que me transmitió mi querido político, concluimos este apartado y pasamos a otro bastante interesante, cuyos protagonistas también contribuyen de manera directa a que se nos siga considerando unos pobrecitos desde el punto de vista social.

Los referentes: DISCAPACITADOS que hacen cosas

¿Qué es más famoso, el fútbol o Cristiano Ronaldo?

Aunque es difícil responder con exactitud, probablemente el fútbol sea más conocido, porque lo sigue y lo practica casi todo el mundo. Sin embargo, si la pregunta fuera: «¿Quién condiciona más al uno que al otro?», respondería sin dudarlo: Cristiano Ronaldo.

Esta simple pregunta demuestra el gran poder que tienen los referentes sobre el imaginario social. Su nivel de influencia es tan grande que transforman y determinan la visión que tenemos nosotros mismos, tanto del contexto en el que se mueven como de las normas y principios que lo fundamentan.

Siguiendo el dicho de que una imagen vale más que mil palabras, voy a adaptar esta última idea al formato narrativo; para ello emplearé un ejemplo real que ocurrió durante la Eurocopa 2020, protagonizado por nuestro simpático y humilde portugués, para que veas el nivel de influencia que ciertos referentes llegan a ejercer sobre nosotros.

No sé si lo recuerdas, pero en una de las típicas conferencias de prensa que protagonizan los futbolistas antes de un partido, Cristiano Ronaldo apartó un par de botellas de Coca-Cola que tenía frente a él, dispuestas como reclamo publicitario, y las reemplazó por una botella de agua. Este simple gesto provocó una caída en el valor de las acciones de Coca-Cola de aproximadamente cuatro mil millones de dólares, y envió un claro mensaje a la sociedad sobre la importancia de beber agua en lugar de refrescos que no son tan buenos para la salud.

También hay que decir que, si bien en este caso el portugués envió un mensaje muy *top* a la sociedad, en otras ocasiones no ha sido tan guay que digamos, ya que gracias a él se popularizó y validó una de las empresas más cuestionadas en cuanto a ética por su modelo de negocio: empresas de productos adelgazantes. De dicha empresa no hay mucho que añadir, ya que, por suerte o por desgracia, a todos nos ha tocado un familiar pesado que nos quería colar un par de botecitos de esos, con polvitos adelgazantes.

Y es que, como decía el tío de Spiderman: **«un gran poder conlleva una gran responsabilidad»**.

No hace falta ni que lo mencione, pero cuando nos damos cuenta de que ese poder también puede ser transformado en cientos de euros, nos solemos pasar la responsabilidad social por el arco del triunfo. Y sin duda los referentes del mundo de la discapacidad somos unos auténticos profesionales de esta materia.

Como os he dicho un poquito más arriba, cuando era adolescente, uno de mis principales objetivos era encajar, encontrar un lugar donde pudiera ser yo mismo y desarrollarme como persona. Y por ese motivo, cuando esta necesidad básica del ser humano, que Maslow denominó «sentido de pertenencia», llama a tu puerta, lo primero que haces es buscar personas como tú. Por ello, la figura del referente adquiere tanta importancia, sobre todo en los colectivos minoritarios donde estos suelen brillar por su ausencia.

Quizá esta necesidad de tener un referente te puede parecer una gilipollez, y creas que estoy a favor de forzar la representación de la diversidad dentro de los medios, como por ejemplo hace Marvel con sus películas, que a la que pueden te colocan un personaje que sea mujer, negra, discapacitada y bisexual, ¡y si encima es transexual, ya flipas! Pero nada más lejos de la realidad, y si he de serte sincero, hasta hace bien poco este tipo de acciones me parecían auténticas tonterías.

Lo que ocurre es que cuando ves con tus propios ojos el bien que les hace a los niños sentir que su diversidad, su diferencia, está representada y normalizada en los medios, la cosa cambia por completo.

Y es que nunca se me olvidará lo que ocurrió cuando salió el tráiler del *live action* de *La sirenita*. Y no me refiero a la gran polarización social que se generó en torno a la decisión de que la actriz que interpretaba a Ariel fuera negra, no, no, no. Sino a un vídeo que se viralizó donde salían varias niñas reaccionando al tráiler. Cuando veían que Ariel era negra, daban auténticos saltos de alegría y decían algo así como «¡Mamá, mamá, mira! ¡La sirenita es como yo! ¡Es como yo!».

Buá, te juro que todavía se me pone la piel de gallina. Es más, aquí te dejo el título de uno de los vídeos para que lo busques en Youtube y te emociones tanto como yo: «La Ariel morena es linda»: niñas reaccionan al nuevo tráiler de *La sirenita*.

En mi caso particular, debo reconocer que como niño con discapacidad sí tuve referentes, concretamente dos: el Flangui y Teresa Pedales. Lo que ocurre es que, como ya me conocéis, parece que me haya comido a Gruñón, el enano enfadado y esclavo de Blancanieves, y no hay nada ni nadie, dentro del mundo de la discapacidad, que me convenza del todo.

Además, debo confesar que cuando era adolescente, si había algo que me tocaba los huevos macísimo era que me llamaran el Flangui. Recuerdo que cuando esto ocurría, increpaba *tó* indignado a quienes había acuñado tal seudónimo, con la siguiente invectiva: «¡Cabronesss, que el Flangui está más arrugado que un nudo marinerooo, y mirad lo esbelto que soy yo!».

Anécdotas aparte, es cierto que, aunque existían referentes en el mundo de la discapacidad, como estos dos que acabo de nombrar, jamás sentí conexión con ellos. Es más, todo lo contrario: sentía cierto grado de enfado y desilusión, ya que veía que ocupaban una posición de poder, estaban en un lugar privilegiado para poder cambiar las cosas y lo único que percibía era que mercantilizaban su discapacidad suscitando pena, para hacerse más famosos y lucrarse económicamente.

Y sé que, si pudierais, ahora mismo muchos me diríais que han hecho mucho por la comunidad; que nos han visibilizado, nos han posicionado en la sociedad y blablablabla. Yo os daría toda la razón del mundo, pero a la vez os volvería a preguntar: ¿a costa de qué? ¿De seguir perpetuando la idea social de que cuando tienes una discapacidad tu valor personal gira alrededor de esta, y que en consecuencia solo puedes ser dos cosas en la vida: o pobrecito o superhéroe?

Y te digo otra cosa: abramos bien los ojos, porque muchas veces nos cuelan ciertas acciones como si fueran en pro de la sociedad, cuando en realidad son actividades que solo persiguen el lucro personal. Si no te lo crees, te lo voy a demostrar con el siguiente hecho:

No sé si te acordarás, pues lo que te voy a contar sucedió allá por el 2016, pero una de las cosas por las que más se conoce al Flangui, en relación con su lucha por la igualdad de las personas con discapacidad, es por aquella vez que bloqueó un autobús de la Comunidad de Madrid con su carrito móvil. Lo hizo para protestar por lo vergonzoso que era que a las personas con discapacidad que debían utilizar sillas de ruedas motorizadas no se les permitiera subir a un autobús como al resto de las personas. En eso el chaval tenía más razón que un santo, y copó durante semanas las portadas y cabeceras de los medios más destacados del momento.

Pero lo que quizá no sabes, es que unas semanas más tarde anunció a bombo y platillo el lanzamiento de su nuevo disco.

Ejemplos como este los tengo a miles. Pero como os diría el típico amigo conformista que todos tenemos, que más que un ser humano activo parece un cojín: «¡Siempre puede ser peor!». Y efectivamente así fue.

Porque si comparamos los referentes de mi época con los actuales, podríamos decir que los de ahora son copias baratas y mal hechas de una conocidísima plataforma china de venta *online*. Me podían gustar más o menos, pero al menos su fama, aunque en gran medida girara en torno a su discapacidad, se basaba en que tenían algún tipo de destreza, como ser uno de los precursores del hiphop en España, o la nadadora con más medallas del mundo.

Pero es que los de ahora... Su único éxito consiste en ser viral en las redes sociales gracias a sobreexponer su discapacidad, eso sí, bajo la pseudobandera de perseguir una mayor visibilización de la misma. Y desde aquí os mando dos mensajes que me gustaría que grabáramos todos en el cerebro, porque son importantes:

1. Sobreexponer tu discapacidad o cualquier otra diferencia, no es normalizarla, sino todo lo contrario, es mercantilizarla.

2. Yo mismo o cualquier referente que se te pueda ocurrir, somos conocidos, sí, pero no somos representativos del sector de la discapacidad, ya que apenas sumamos el 0,00000001 por ciento del total.

Este último punto es de crucial importancia, ya que, como referentes, muchas veces se nos olvida. Y es que además de tener discapacidades leves, y cumplir de sobras el canon de belleza, ocupamos una posición privilegiada que la mayoría no tiene ni tendrá nunca.

Por eso, aunque sea muy difícil, debemos intentar dar ejemplo y mirar más allá de nuestro ombligo. Vivimos en una sociedad donde sin duda prima el miedo al rechazo, lo cual nos empuja a caer en lo superficial sin pretenderlo, y a centrarnos en las apariencias, despojándonos incluso de nuestros preciados valores. Sin embargo, como en el ejemplo de Cristiano Ronaldo, un simple gesto puede transformar positivamente la sociedad o, por el contrario, añadir más oscuridad y egoísmo.

Mi pregunta es: ¿Qué quieres aportar tú? ¿Luz u oscuridad al mundo? Yo lo tengo clarísimo.

¿Criticar o construir?

Mientras escribo estas líneas, me pregunto seriamente si este capítulo está siendo demasiado crudo y si, como lector, te he sobrecargado con tanta crítica social.

A los que sí tengo claro que he sobrecargado, sin duda, es a los miembros del equipo legal de la editorial. Que cuando vean que el noventa por ciento de este capítulo se basa en señalar la supuesta «corrupción moral» de ciertos referentes y entidades pues básicamente le van a querer dar al *delete*.

Lo cual, evidentemente, intentaré evitar a toda costa.

Es más, si finalmente estás leyendo esto, significa que además de firmar un documento donde los eximo de cualquier responsabilidad legal, he podido convencerlos de que, más que una crítica desmesurada nacida del enfado, era una estrategia educativa para animarte a cambiar.

¿Y es que ahora hacerle un traje a alguien puede considerarse una estrategia educativa?

Pues sí y no. Quiero decir que, desde luego, increpar a alguien no está nada bien, pero lo que yo he pretendido con este capítulo —que, a diferencia de otros, no le ha concedido ni un atisbo de respiro y empatía al «enemigo— era precisamente que te confrontaras, no con el Langui, o con la mayor organización nacional de ayuda y formación a los discapacitados, no, no, no, sino con tus creencias y tus ideales. Porque, aunque no lo creas, estas sí que a veces pueden convertirse en nuestros verdaderos enemigos.

Y, ojo, que quede clara una cosa: mi objetivo no es sustituir los ideales sociales estancos de la gente por los míos, y seguir así marcando dogma. Aunque es cierto que sin duda este dogma tendría mucho más *flow* que otros, no dejaría de ser otra cárcel moral, aunque esta vez con barrotes de colores.

Lo que yo realmente busco, tanto en mí como en ti, es fomentar una cierta apertura mental, que nos permita dejar de lado el miedo y abrirnos, tanto al cambio como a lo desconocido. Porque si hay algo que debemos entender es que por mucho que algo se repita con frecuencia y nuestras mentes lo consideren y etiqueten como normal y común, e incluso como cultura, eso no significa que ese algo sea positivo o que no se pueda mejorar aún más.

Claro que la gran organización nacional y otras personas y entidades de lo que yo llamo el antiguo paradigma de la discapacidad, han contribuido a que la sociedad sea más tolerante e inclusiva. Pero ¿acaso no podemos cuestionar esas formas y explorar otros modelos que estén más en consonancia con nuestros valores humanos y mejor adaptados a la nueva sociedad que somos?

Yo considero que sí, que tenemos la responsabilidad social de buscar una mejora constante, no por la ambición egoica de ser mejores, sino para evitar situaciones que hoy en día aún siguen causando un gran sufrimiento a la gente.

Y con esto no quiero decir que el «modelo Pegasus» sea la solución. De hecho, tengo que reconocer que muchos de los retos a los que se enfrentan las entidades, como ofrecer buenas condiciones a sus trabajadores o generar un cambio real que transforme y empodere a los usuarios, aún no los he logrado resolver completamente o al menos no de la manera que me gustaría.

Pero lo que sí tengo claro es lo que no quiero, ni para mí ni para esta sociedad. Por eso, para ponerle la guinda del pastel a este capítulo y a modo de reivindicación, a continuación te explicaré dos de los casos que más dolor me han causado. Y no porque sean situaciones que me afectaron de manera directa, que también, sino porque me duele ver cómo nuestra humanidad se desvanece cuando entra en juego otro elemento, que ha sido y es el verdadero protagonista de este capítulo: **el *fucking* dinero.**

Cuando no eres más que un número

«Carlos, me dan mucho miedo el DINERO, la FAMA
y el PODER, porque son cosas que nunca he tenido,
pero sé que voy a tener, y me da mucho miedo perderme
y dejar de ser yo mismo».

Con esta frase comenzaba una de mis primeras sesiones con mi psicólogo, y posiblemente la base de todo el trabajo emocional que hice con él. Pero más allá de contaros qué ocurrió tras esa frase —algo que se desarrollará junto con mi adolescencia en la segunda parte del libro— quiero deciros que este miedo no era infundado y tenía una base experiencial al cien por cien. Es verdad que dicha experiencia no era de primera mano, ya que en el momento en que pronuncié la frase tendría veintiún años, y por no tener, no tenía ni cuenta bancaria propia. Sin embargo, sí había visto **cómo el dinero podía corromper a la gente.**

Otra de las cosas que le repetía hasta la saciedad a mi psicólogo en aquella época era:

«No quiero ser como los partidos políticos, que antes
de llegar al poder dicen una cosa y después otra.
Si Pegasus no funciona como lo tengo en la cabeza y no
sigue mis valores, lo dejaré y me dedicaré a otra cosa».

A diferencia de lo que pueda parecer, esta frase no está cargada de tintes políticos, al contrario, de ella ya se podía deducir la importancia que para mí tendría la capacidad de ser auténtico, independientemente del contexto que me rodeaba y del gran dolor de cabeza que me provocaba la incongruencia humana, algo que hoy en día sigo llevando bastante mal.

Después de mucho meditar y de rayarme la cabeza, he llegado a dos conclusiones. La primera es que esta incoherencia surge de preocuparnos más por lo que deseamos llegar a ser que de aceptar lo que ya somos. Y la segunda es que, aunque la incongruencia me saque de mis casillas, tengo que aceptar que es ultranecesaria para crecer como persona. En otras palabras, ser conscientes de la incoherencia existente entre lo que pensamos, lo que decimos y lo que hacemos nos ayuda a aceptarnos de forma incondicional, logrando así un estado de equilibrio y paz interior.

Dentro de la categoría de cosas que nos alejan de nosotros mismos, sin duda en primer lugar está el dinero. Bueno, el dinero y, por supuesto, el fornicio, que cuando la sangre se nos concentra masivamente en los genitales, nuestra sinapsis cerebral solo sabe enviar un único mensaje: fecundar, fecundar y fecundar.

Pero más allá de mencionar el gran poder que ejerce el «vicio» sobre nosotros —muy considerable, y si no, que se lo digan a las exparejas del reality show de tu preferencia—, quiero centrarme en nuestro protagonista, el dinero, y mostraros casos reales para que veáis que ningún área o estrato de la sociedad, incluso lo social, está libre de pecado.

Sé que ahora mismo estarás pensando: «Pero David, ¿Qué novedad es esa? Si llevas todo el capítulo criticando lo social». Y sí, en cierta medida tienes razón. Sin embargo, a diferencia de antes, cuando he expuesto mis discrepancias filosóficas y morales con respecto a cómo funciona el sector en general, ahora quiero mostrarte cosas realmente más turbias, que van más allá de las «pequeñas diferencias ideológicas», puesto que incurren de lleno en la ilegalidad, y además están protagonizadas por particulares que tienen una relación directa con la discapacidad, y que aun así se han aprovechado de ella. Estos protagonistas son... LAS FAMILIAS.

¿Qué os creíais? ¿Que por ser los principales consumidores potenciales de este libro os ibais a librar? Pues claro que no. ¡¡¡Aquí hay para todos!!! Ahora mismo me imagino a muchas de las familias que me conocen apretando el culo con fuerza. Pero, tranquilos, que, si la justicia o el insomnio no os han dado caña todavía, eso significa que estáis libres de pecado y podéis relajar suavemente los esfínteres.

Es cierto que mi intención principal era contaros un par de historias representativas, pero os juro que, ahora que estoy organizando mis pensamientos, me vienen a la mente muchas más. Desde la madre de origen humilde que se gastaba el dinero de las ayudas destinadas a su hijo en bolsos de Chanel hasta la presidenta de una asociación que fue destituida porque, junto con su hija y la pareja de su hija, acaparaban más del setenta por ciento de los salarios de la entidad.

Otras historias que me rondan la cabeza, y que seguramente te sonarán porque fueron bastante mediáticas, son, por un lado, la de «el hombre de los dos mil tumores», que estafó a más de mil personas haciéndose pasar por un enfermo de cáncer; y, por otro, la de la familia de Nadia Nerea, que en 2018 recaudó más de cuatrocientos mil euros a costa de la enfermedad rara de su hija y acabaron usando el dinero para fines personales. Por cierto, acabo de ver que por fin los han metido en la cárcel. ¡Ya era hora!

Debo admitir que este párrafo que vais a leer a continuación es la octava vez que lo borro y lo reescribo de nuevo. Pero creo que, aunque me vayan a llover palos por todos lados —y al ritmo que voy un día de estos acabaré atropellado en una cuneta—, tengo que decir que el caso de Nadia Nerea no es una excepción, ni mucho menos. Si la justicia o algún ente público investigasen a fondo el destino del cien por cien de las donaciones que recaudan este tipo de asociaciones «unipersonales», más de uno y de dos acompañarían a los padres de Nadia a la cárcel. Pero, tranquilos, que al ritmo sabrosón que va la justicia, a lo mejor tu caso prescribe y todo.

También debo decir que no hay que generalizar, por supuesto, pero es cierto que estas asociaciones creadas por padres para captar donativos y cubrir las terapias de sus hijos han suscitado bastante debate en el sector. Esto se debe a que ganaron mucha fuerza entre 2015 y 2017, llegando a recaudar auténticas barbaridades de dinero. Ojo, se trata de una iniciativa totalmente lícita, pero hay que reconocer que por ser causas individuales su impacto social es mínimo, por no decir nulo, ya que benefician únicamente a una persona.

Sin embargo, el movimiento que generaban en las redes era una auténtica locura. Y, claro, si a esa gran exposición sumas la pena, más la discapacidad de sus hijos, pues ya sabes cómo acaba la ecuación.

$$\text{Gran exposición} + \text{pena} + \text{discapacidad} = \text{dinero}^2$$

Otro aspecto destacable de esa época era que el dinero que se destinaba a estas causas parecía caer del cielo, no sé si debido a que la economía acababa de recuperarse de la famosa crisis del 2008, o por el auge de la responsabilidad social corporativa, pero os juro que era una barbaridad.

Es más, todavía me acuerdo de una vez que me fui a un famoso banco español de color azulado con un Word que contenía tres párrafos y dos fotos explicando uno de los prematuros proyectos de la fundación, y me volví con 1.500 euros en el bolsillo. Y ya te digo que el control que se hacía de ese dinero era bastante escaso, así que como no tuvieras un par de dedos de frente, la pasta podía acabar destinándose a una renovación de armario o al último modelo de una bicicleta de carretera.

En resumen, y como has podido ver a lo largo de este capítulo, el capitalismo campa a sus anchas por el sector de la discapacidad, y da igual que seas una entidad, un referente o un particular: nadie está exento de sucumbir y contribuir a esta monetización tan abrupta de la discapacidad.

Por esa misma razón, estoy seguro de que si eres el papá o la mamá de una persona con discapacidad, a menudo has podido tener la típica sensación de que la persona que tienes enfrente, ofreciéndote un servicio o un producto para tu hijo, más que querer cubrir tus necesidades, lo único que ve en ti es la posibilidad de hacer una venta más y así transformar tu «dolor» en unos cuantos euros.

Esta sensación de que tan solo eres un número que representa unos cientos de euros, la he tenido más de una y más de dos veces a lo largo de mi periplo por el mundo de la discapacidad. Pero sin duda hay una que me marcó muchísimo, porque hizo que me diera cuenta de que las injusticias no las genera ese ente externo al que llamamos sociedad, sino que cada uno de nosotros contribuimos a que estas nazcan y crezcan cada vez más. Y quizá pienses que esto que te cuento es una gilipollez, pero me permitió dejar de señalar hacia fuera para comenzar a señalar hacia dentro.

Y ahora sí que sí, te voy a contar por fin la historia que generó dicho aprendizaje, y que resume a la perfección todo lo hablado anteriormente.

Para contextualizaros bien esta aventura, tengo que rescatar a dos personajes que han aparecido en el capítulo anterior, concretamente a nuestros queridos doctor Martínez y doctora Morales. Y aunque que os había dicho que logré librarme de sus garras y no llegaron a hincarme el diente, o mejor dicho, el bisturí, debo confesaros que eso no es cierto del todo.

Es verdad que nunca me operaron con las técnicas que el doctor Martínez proponía, que estaban cubiertas por la seguridad social, pero sí que me terminaron operando, si bien en el ámbito privado. Eso se debe a que la simpática doctora Morales, en su afán por vencer a Martínez, les presentó a mis padres a unos amigos rusos que habían patentado una especie de bisturí mágico, y te cobraban la friolera de entre 6.000 y 10.000 euros por un par de cortecitos.

Más allá del coste, que evidentemente era muy considerable —muchos padres tendrían que vender un riñón o dejar de comer para poder pagar estas operaciones—, era de lo más interesante observar el sistema de captación de clientes que tenían diseminado por todo el mundo. Cuando os lo cuente en profundidad, os va a recordar muchísimo al sistema de venta que utiliza Llados y su ejército de amantes de los *fucking «burpees»*. Y, sí, fui operado «gracias» a un sistema piramidal, algo de lo que no he sido consciente hasta que empecé a escribir esta historia.

¿Que cómo funcionaba este sistema? Pues, literalmente, como cualquier sistema piramidal: **sus clientes eran también sus vendedores.**

Esto sucedía porque, al ser un tratamiento que no estaba financiado por la seguridad social —supongo que no debió de pasar los filtros necesarios para ser asumido por la sanidad pública— tenían que encargarse ellos mismos de la captación de clientes, de modo que en cada país contaban con una o dos madres que representaban a la empresa y les servían de altavoz para atraer a más usuarios.

Dejando a un lado la supuesta eficacia de este tratamiento, que ya hemos debatido en el anterior capítulo, quiero hacer hincapié en los costes asociados que este tenía, pues no solo había que abonar la operación, sino también todas las consultas y revisiones, que se pagaban aparte, es decir una auténtica PASTA.

Y no solo eso. ¿A que no sabes cuál era la forma de pago? Venga, que eres muy listo... efectivamente, en EFECTIVO. Te obligaban a pagar en *cash*, porque, no sé si eres consciente, pero del efectivo al negro hay un pasito minúsculo. Bueno, más que de dar pasos, se trataba de omitirlos: con no declarar, o con declarar menos de lo que se facturaba, era suficiente.

Apuesto lo que sea a que estas madres que representaban a la entidad «operadora» cobraban en negro fijo. Y aquí viene la verdadera historia: una de estas madres se dedicaba a coger pellizquitos cada vez más grandes del dinero de las otras familias, y tuvieron que reemplazarla por otra. No sé si fue solo por eso o porque ya había quemado a todos sus contactos y no atraía más clientes.

Fuera como fuese... ¡FLIPAS en colores!

Os prometo que no podía entender cómo una madre que vivía la discapacidad en primera persona era capaz de aprovecharse de la esperanza de otras. Y si pensaste que el símil que hice antes con Llados era solo por el modelo de negocio, te equivocaste. También lo hice por el producto, ya que ambos te prometen lo mismo: curar tu dolor. La diferencia es que uno te promete convertirte en un empresario de éxito, mientras que los rusos te prometen que podrás caminar derecho y ser «normal».

¿Sabéis cuántos casos de éxito tienen ambos modelos? Prácticamente NINGUNO.

Por eso, entre otras cosas, se les llama estafas piramidales. Y apenas se habla de los daños colaterales que provocan. Porque cuando se juega con las expectativas de la gente y estas no se cumplen, ¿sabéis en qué suele desembocar?

Además de en apatía y resentimiento hacia el mundo, son frecuentes los casos de DEPRESIÓN, y esto, amigos, como sabéis, esto sí que es una gran discapacidad.

Y ahora sí que sí, mi querido compañero de historias, con este impactante relato vamos a dar por concluido este capítulo, y también vamos a dar por finalizada la primera parte del libro, que simpáticamente titulé «El origen del *flow*», y que hace referencia al contexto social en el que naces cuando tienes algún tipo de discapacidad.

Porque si hacemos una retrospectiva de todo lo que hemos hablado, te darás cuenta de que hemos hecho un viaje a través de todos los elementos que conforman el paradigma de la discapacidad. Desde la madre que se siente sola y perdida al enterarse de que la discapacidad ha llegado a sus vidas, hasta cómo el modelo médico se presenta como la solución a sus problemas, o cómo las entidades, referentes y particulares monetizan estos problemas, contribuyendo, sin querer, a crear uno todavía más grande: la discriminación social.

No sé si estas historias y palabras que han conformado

estos capítulos han llegado a hacerte bola, y tampoco sé cuánta veracidad has encontrado en ellas, pero quisiera insistir una vez más en que están basadas en mi historia personal, y por tanto no hay que caer en el error de generalizar; sin embargo, aun así puedo asegurarte que hay más verdad de la que nuestras mentes y nuestra moralidad a veces están preparadas para digerir.

También quiero dejar clara una cosa: nuestras experiencias, la vida en general, no son buenas ni malas, simplemente son, y el reto está en saber convivir con ellas. En la siguiente parte del libro te hablaré de cómo todo este contexto condicionó mi vida, y durante gran parte de esta busqué ser una persona distinta de la que realmente era, por el simple hecho de tener mucho, pero que mucho... MIEDO a ser yo mismo.

«Carlos, me dan mucho miedo
el DINERO, la FAMA y el PODER,
porque son cosas que nunca he tenido,
pero sé que voy a tener,
y me da mucho miedo perderme
y dejar de ser yo».

Como ya he comentado más arriba, con esta frase comenzaba una de mis primeras sesiones con mi psicólogo. Si hacemos retrospectiva y nos vamos a ese momento, nos encontraremos una versión de mí bastante distinta. Por un lado, siento cierta pena, ya que ese chaval inocente, amoroso y altamente soñador no es que se haya ido pero sí le siento algo apagado, y por otro siento una gran admiración, ya que el que estaba sentado en esa silla, aunque tenía una vitalidad increíble y una luz que deslumbraba donde fuera, estaba cargado de miedos y es muy bonito ver cómo con el tiempo estos se han ido haciendo más conscientes y mucho más pequeños, teniendo menos poder en mi vida.

SEGUNDA PARTE

¿Quién soy? ¿Alguien lo sabe?

7

El camino de la aceptación

Después de casi medio libro y tras haberte contado mil y una historias sobre mí, quizá pienses que ya me conoces como a tu mejor *bro*, y que dedicar un capítulo a desarrollar la pregunta «¿quién soy yo», puede sonar bastante redundante y ególatra.

Sin embargo, si analizamos todo lo que he dicho hasta el momento, te darás cuenta de que, más que relataros mi historia en primera persona, otros la han contado por mí: mi madre, los médicos, las fundaciones... Por ejemplo, si le preguntara a tus padres y a tu mejor amigo quién eres, y luego te hiciera la misma pregunta a ti, ¿crees que recibiría las mismas respuestas?

Mmm... ¡ya te digo yo que NO!

Es evidente que lo que otros digan o piensen de ti nos configura como personas, pero... —y, por favor, hazle caso a este «pero», porque posiblemente sea uno de los «peros» más importantes del libro— no te determinan.

Porque, como bien le señalaba Shrek a su acondroplásico pero inteligente amigo Asno con la frase «los ogros son como las cebollas porque tienen capas», somos mucho más de lo que la gente y la sociedad pueden ver a simple vista.

Y, por supuesto, más allá de lo que sepamos y podamos transmitir de nosotros mismos en cada momento de nuestra vida, podemos cambiar. Tanto para bien, eliminando capas, como para mal, añadiendo más.

Por eso voy a dedicar esta segunda parte del libro a abrirme en canal, a desnudarme. Porque, como ya te habrás dado cuenta, me encanta eso de la desnudez. Es más, si pudiera te enseñaría «el nabo» ahora mismo, pero como no queremos que nadie vaya a la cárcel por exhibicionismo, dejaremos este estriptis únicamente en el plano emocional y mental.

Y quiero que sepas algo, esto lo voy a hacer tanto por ti, para que veas que sincerarse con uno mismo y con los demás no es malo ni peligroso, como por mí, permitiéndome aceptar, abrazar y comprender todos esos momentos de mi vida en los que, con acciones «positivas», le he quitado capas a mi cebolla personal o, por el contrario, las he sumado con acciones no muy positivas que digamos.

Así que, sin más dilación, procederemos a trocear mi querida y enigmática gran* cebolla.

Mi primer recuerdo

Si me preguntaras cuál es mi primer recuerdo como ser vivo, la verdad es que no te sabría contestar con exactitud. Como expliqué anteriormente, la mente es un batiburrillo

---

* Digo lo de «gran» porque, si consideramos que la cebolla es nuestra personalidad y se encuentra en nuestra cabeza, la mía digamos que tiene un tamaño bastante considerable.

de recuerdos y pensamientos desordenados, donde no solo es difícil saber cuál ocurrió antes o después, sino que, a veces, ni siquiera podemos asegurar que un recuerdo sea completamente real.

Si te pasa esto último, no te preocupes, no estás loco, ni eres un mentiroso compulsivo. En realidad, es algo que nos ocurre a todos en mayor o menor medida.

Cuando la mente registra algún suceso y lo manda a la memoria a largo plazo, lo interpreta según su sistema de creencias y experiencias previas, es decir, cada uno a su manera. Y no solo eso, cuando recuperamos esos recuerdos y los traemos de nuevo a la memoria a corto plazo, no siempre los recordamos con total precisión. Esto puede generar ciertos «vacíos de información» que la mente tiende a rellenar con sus propias interpretaciones, según el contexto y el estado emocional que tengamos.

¿El resultado de todo ello? Pues que no te puedes fiar ni de tu propia mente, la muy puta.

No obstante, volviendo a la pregunta de cuál es mi primer recuerdo, me viene a la memoria uno que, aunque no sé a ciencia cierta si es o no el primero, sí te puedo decir que posiblemente sea uno de los más significativos que tengo, ya que me he pasado años intentando descubrir qué es lo que ocurrió realmente y qué significado tiene.

Tendría unos seis años y paseaba solo por el patio del colegio durante uno de los recreos. A pesar de los más de cien niños que correteaban y gritaban a mi alrededor, no sucedió nada fuera de lo común con ellos. Pero como muchas veces pasa, la clave de un recuerdo no está en lo que ocurre, sino en lo que sientes. Y es precisamente en esos sentimientos y emociones donde reside la maravilla de este recuerdo.

Sinceramente, no sé dar con las palabras perfectas para describirte lo que sentí en ese momento, pero lo que sí te puedo decir es que, aun estando en un lugar donde el nivel de alboroto y ruido eran tan extremos como suele serlo en un patio de colegio, yo sentía dentro de mí una paz, un gozo y una conexión tan profunda, tanto conmigo como con todo lo que me rodeaba, que es casi indescriptible.

Era como si los gritos de los niños se desvanecieran, como si todo ese ruido que había a mi alrededor se disolviera en el aire por arte de magia. Incluso la percepción que tenía de mí mismo desapareció, dejando un vacío en la mente tan grande y a la vez tan placentero que, hoy en día, sé que llevo toda mi vida buscando cómo volver a experimentar dicha sensación.

Ahora ya tengo muy claro lo que estaba experimentando en ese recuerdo, incluso podría ponerle un nombre si quisiera. Pero, como me encanta dejarte con la miel en los labios para que trabajes de esta manera tu frustración, tendrás que esperar hasta la última parte del libro. Allí no solo desvelaré este gran misterio, sino que también verás cómo todos estos capítulos, que pueden parecer desordenados e inconexos, cobran sentido al formar parte de un todo mucho más grande.

Lo que sí te voy a contar es por qué creo que nunca volví a experimentar esa sensación, y es que mi razonamiento infantil e inconsciente cometió un pequeño, pero determinante, error de cálculo.

En aquella época yo ya era bastante llamativo —bueno, en esa época y en todas—, pasar desapercibido con esta «preciosa carita» mía era y es, evidentemente, bastante difícil. No sé si era por mi discapacidad o por el instinto protector que el patriarcado inculca en las mujeres, pero recuerdo que tenía locas a un grupito de niñas de entre once y doce años. Estas chicas se pasaban todos los recreos buscándome para cuidarme y hacerme monerías. Básicamente, para ellas era como una versión plus de un bebé *reborn*, ya que hablaba, y como me movía «poco y mal», podían hacer conmigo todo lo que quisieran.

¿Y dónde está el fallo? Pues en que, como ambos sucesos, el de la paz indescriptible y el de las niñas locas, se daban a la vez, mi mente entendió que esa sensación tan maravillosa y apaciguadora que yo sentía no provenía de mí mismo, sino que era generada desde el exterior, en este caso concreto, por... las chicas.

¿Moraleja de todo esto? Me pasé más de veintiséis años buscando fuera lo que realmente estaba dentro.

La soledad

Durante mis años de entrenamiento para ser un superhéroe (véase el capítulo 3) y aprender a gestionar el dolor físico, descubrí que, si ante un estímulo doloroso, como puede ser un estiramiento intenso, aplicabas otro estímulo con una intensidad igual o superior en otra zona del cuerpo, como morderse la mano, tu cerebro solo podía centrarse en una de las sensaciones. Eso hacía que el primer estímulo fuera más fácil de soportar.

¿Por qué te cuento esto ahora? Porque si nuestros cerebros solo pueden gestionar una sensación o emoción intensa a la vez, ¿qué otra emoción pudo haber eclipsado la increíble sensación de paz interior que experimenté durante mi paseo por el patio del colegio, para que no volviera a experimentarla jamás?

Esta emoción es sin duda... el DOLOR. El dolor no viene solo, ya que el MIEDO a volver a sentir aquello que nos hizo daño nos alejará todavía más de nosotros mismos y por tanto de esa extraordinaria sensación a la que me estoy refiriendo.

Como ya mencioné antes, nuestra mente suele engañarnos para protegernos. Cuando pienso en mi niñez, lo primero que me viene a la mente es decir que fue maravillosa y perfecta, y probablemente haya mucho de cierto en ello. Pero si me tomo un momentillo para reflexionar más profundamente sobre si mi infancia fue realmente bonita o no, y hago un pequeño esfuerzo, me encuentro algún que otro recuerdo con una carga emocional negativa tan intensa que, de manera inconsciente, se me hace un nudo en la garganta y noto una cierta tensión muscular.

Creo que todo el mundo sabe que el simple hecho de vivir conlleva de forma implícita ciertas experiencias dolorosas, como pueden ser un desamor o la pérdida de un ser querido. Lo que quizá no todos saben es que las experiencias más peligrosas y determinantes para nosotros ocurren cuando somos niños. Durante esta etapa, además de estar conformando la visión que tenemos de nosotros mismos y del mundo, no tenemos el suficiente nivel de raciocinio para poder gestionar, comprender y relativizar dichas situaciones. Esto a menudo nos lleva a sacar conclusiones erróneas, y a desarrollar conductas compensatorias para evitar que estas circunstancias no se repitan.

Como parece que me he comido a un psicólogo aburrido, y esto va camino de convertirse en un texto infumable y bastante ambiguo, voy a traer a la palestra otro recuerdo, para que al menos la cosa adquiera un poco de dinamismo y jovialidad. Eso sí, esta vez el recuerdo no será tan bonito como el anterior, ya que podríamos decir que funciona como su antagonista. Sin embargo, fue igual de importante para mí, pues al igual que el otro, marcaría mi personalidad para siempre.

Con todo lo que hemos hablado ya, creo que no es necesario mencionar que tanto mi discapacidad como, quizá en mayor medida, la concepción que la sociedad tenía de ella, determinó de manera significativa mi infancia, mi adolescencia y mi vida en general.

Si tuviera que elegir la etapa de mi vida en la que sentí mayor limitación social, sin duda alguna sería la infancia y la preadolescencia, ya que mi libertad y mi autodeterminación eran comparables a las de una mujer del siglo XVI, prácticamente inexistentes, cuando las pobres podían sentirse afortunadas si, a pesar de ser forzadas a casarse por unas tierras, el esposo era algo apañado y no tenía una edad comprendida entre los setenta y la muerte.

En mi caso, estas imposiciones no eran tan extremas, por supuesto, pero mi libertad dependía directamente de mi madre y, sobre todo, de su capacidad para encontrar el equilibrio entre protegerme y anularme como persona. La verdad es que esta tarea se le daba bastante mal a la pobre, y a veces sentía que sus miedos me rodeaban el cuello tan fuerte que podían llegar a asfixiarme. Eso sí, debo decir en su defensa que yo no era precisamente el hijo ideal para que ella pudiera mantener sus miedos a raya, y cada dos por tres le provocaba algún que otro infartito.

Un ejemplo que refleja a la perfección la influencia que sus miedos ejercían en mí, era lo que me ocurría cada vez que quería ir a jugar al fútbol con los amigos del barrio.

Mi casa estaba situada al final de una calle bastante larga que conectaba a su vez con otras calles, por lo que siempre había bastante circulación. Sin embargo, el tramo donde se encontraba mi casa no tenía salida, de modo que no pasaba prácticamente ningún coche, más allá de los de los vecinos, que éramos literalmente tres.

¿Cuál era el problema? Pues que los niños que vivíamos en mi área éramos muchos menos, así que todos terminaban jugando en la parte por donde pasaban los coches.

Esto, evidentemente, para mi madre era como recibir una carta de Hacienda todos los días: se ponía de los nervios y, por supuesto, no me dejaba salir a jugar fuera. Para mí era una situación durísima, ya que no podía entender cómo unos niños mucho más pequeños que yo podían jugar en la calle con los demás, mientras que a mí no me lo permitían.

Desde fuera, la escena podría conmover incluso al insensible del doctor Martínez: por un lado, había una docena de niños riendo y jugando juntos; y al final de la calle, un niño completamente solo, cabizbajo y con lágrimas deslizándose por sus mejillas, que observaba cómo los demás se divertían mientras que él solo podía rebotar la pelota contra la pared.

Os juro que nunca he sentido una tristeza, soledad e incomprensión tan profundas como las que experimentaba cada vez que eso ocurría, y os aseguro que no era solo de vez en cuando; sucedía todas las semanas. Incluso ahora, al recrear ese momento, siento una compasión tan grande por aquel chaval que me dan ganas de darle un abrazo y jugar al fútbol con él.

Este suceso tuvo para mí muchas más consecuencias de las que me hubiera gustado.

En primer lugar, posiblemente inició la ruptura emocional con mis padres, ya que la cabecita de aquel niño nunca pensó que su madre no le dejaba jugar al fútbol porque lo quería mucho y no deseaba que le pasara nada. Al contrario, entendió que sus padres no aceptaban su discapacidad y, por tanto, que no lo querían tal y como era.

En segundo y último lugar, aprendí de manera inconsciente que estar solo es muy doloroso.

A partir de ese momento, comprendí que tendría que hacer todo lo posible para que la gente me aceptara y me diera el amor que a mi entender no recibía de mis padres, y de esta forma no volver a sentirme solo nunca más.

«Al menos el chaval no es tonto»

Resumiendo lo que llevamos de capítulo, y enlazando ambos recuerdos, tanto el «agradable» como el «doloroso», podemos comprender cómo mi mente infantil procesó esa información: si la compañía de los demás puede provocarnos una inmensa sensación de paz y plenitud, mientras que su ausencia, es decir, la soledad, provoca un gran dolor, ¿qué debemos hacer?

Pues blanco y en botella: debemos esforzarnos por agradar y gustar a los demás constantemente para que nunca nos abandonen ni nos dejen solos.

Estoy casi seguro de que, al leer esto, has recordado experiencias que te llevaron a conclusiones similares. Aunque pueda parecer que vivimos en mundos distintos debido a mi discapacidad, cuando dejamos de lado la superficialidad de las vivencias y nos sumergimos en el mundo de las emociones, nos damos cuenta de que afrontamos los mismos retos y desafíos. Por tanto, somos más parecidos de lo que nuestra mente muchas veces nos permite creer, ya que, en esencia, ambos buscamos lo mismo: aceptación y comprensión incondicional.

Este entendimiento final daría el pistoletazo de salida a lo que yo llamo «la carrera de la aceptación».

Como en toda carrera, no todos somos Usain Bolt y salimos en primera posición. Algunos empiezan en la tercera, cuarta, o incluso en posiciones mucho más lejanas. En mi caso, la discapacidad me hizo retroceder unas cuantas posiciones en la línea de salida.

Pero, por suerte, tenía otras cualidades que compensaron esa bajada indiscriminada, como, por ejemplo: mi «nabo». Y no lo digo por su tamaño, que, como dicen algunas, más que pene es una pena, sino por el simple hecho de tenerlo. Es decir, por el hecho de ser hombre. Porque, no hace falta ni decir que, si hubiera sido mujer, aún habría bajado un par de posiciones más.

Por cierto, siempre me he preguntado qué habría pasado si hubiera sido mujer y hubiera tenido unos buenos melones. Porque la combinación de unas increíbles «bubis» con mis andares pendulares, lo más probable es que me hubiera costado la dentadura.

Dejando los senos a un lado, otras cualidades que me ayudaron a escalar posiciones fueron, sin duda, mi belleza y, por supuesto, mi inteligencia.

Y si en este momento me estás llamando flipado por exaltar mi guapura, te juro que me enfadaré mucho.

Porque estoy hasta los huevos de que en esta sociedad no podamos hablar abiertamente de las cosas en las que destacamos, ya sea por una belleza exuberante como la mía, o por ser los putos amos en algo. Sin embargo, ¿hay algún problema en decir lo que se nos da mal? Porque ahí sí que podemos regodearnos en nuestra mierda sin que nadie diga nada, ¿verdad?

Por ejemplo, cuando digo a la gente que estoy torcido, nadie me dice: «Jo, David, no digas eso, eres un flipado». Pero basta con que digas algo bueno de ti mismo para te tachen de engreído. Pues, perdonad que os diga, pero no. No eres un flipado por reconocer algo «bueno» de ti mismo, eres... CONSECUENTE.

Bromas aparte, siempre he sostenido que, si no fuera «guapo», no habría tenido tanto éxito con Pegasus. Como mencioné en uno de los capítulos de la primera parte, ser feo en esta sociedad es peor que tener una discapacidad, ya que no hay asociaciones que defiendan tus derechos, ni recibes ayudas por la gran discriminación estética que sufres. Así que, efectivamente, mi apariencia me ayudó a escalar muchas posiciones en el ranking de la aceptación social.

Una de las frases que más he tenido que escuchar, junto con «qué putada tener una discapacidad, pero qué guapo eres», ha sido otra parecida:

«Eres discapacitado, sí,
pero al menos no eres tonto».

Es verdad que, por suerte o por desgracia, tonto, tonto, no he sido nunca. Eso sí, si mi madre diera su opinión, diría que más que listo, soy espabilado, porque donde veo un hueco del que sacar algo, ahí me meto yo, para aprovecharme.

Aunque mi madre de joven siempre me recriminaba que fuera un gran manipulador y que me aprovechase de la gente, debo decir en mi defensa que, debido a la posición tan alejada del punto de salida en la que me encontraba para poder optar a una medalla, tuve que desarrollar mis propias estrategias a fin de ser aceptado y, en consecuencia, no sufrir.

Un ejemplo claro de cómo utilicé mi intelecto para ascender en el ranking o cuando menos para no descender aún más, consistió en provocar que me pusieran un mote que no tuviera nada que ver con mi discapacidad. Así evitaba que la gente, cuando quisiera referirse a mí o guardarme en los contactos de sus móviles, no utilizara la dolorosa coletilla de «David el cojo».

¿Cómo lo conseguí? Pues muy sencillo.

Como ya he dejado caer antes, desde pequeño siempre me gustó jugar al fútbol, lo cual me llevó a apuntarme en el equipo del instituto. Ese año no había suficientes chicos para formar categorías individuales, así que nos juntaron a todos para poder formar un equipo, y aunque la mayoría éramos infantiles nos inscribieron en la categoría cadete, que correspondía a jugadores más mayores.

Evidentemente, y al margen de las cualidades individuales de cada cual, éramos un equipo sumamente malo. De media, nos metían unos quince goles por partido; incluso recuerdo uno en el que el portero rival nos metió cinco auténticos golazos. Eso sí, que nos quiten lo *bailao*, porque nos lo pasábamos genial y, de vez en cuando, ¡hasta metíamos gol y todo!

Ahora bien, que quede clara una cosa: cada vez que metíamos gol no era cuestión de suerte, ni porque los equipos contrarios nos dejaran marcar por pena. No, no, no. Era una jugada ensayada, literalmente la única que teníamos.

Esta consistía en aprovechar una de las ventajas del fútbol sala: que no hay fuera de juego. Así, el entrenador colocaba a su delantero más veloz y habilidoso, es decir, un servidor, junto al palo como un buen palomero durante todo el partido. De este modo, cada vez que lográbamos pasar del mediocampo y la pelota llegaba a mis pies, lo único que tenía que hacer era empujarla dentro de la red.

Y aunque pueda sonar asombroso, ese año termine siendo el pichichi del equipo. Y lo aproveché con creces, fomentando dentro de mi círculo, cercano y no tan cercano, que este título futbolístico se transformara en un mote. Así, a partir de entonces deje de ser David el Cojo para convertirme en el Fucking Pixixi. Y, por supuesto como buen poligonero que soy, las «ch» se cambiaron por unas buenas «x», dándole un toque mucho más personal y único.

Tengo que reconocer que, de todas las cualidades extra que me permitieron escalar posiciones en la carrera de la aceptación, la inteligencia fue, sin duda, la más determinante de todas. Gracias a ella pude «torear» con creces los peligros que muchas veces traen consigo el instituto y la vida en general.

Pero como en toda realidad, también tuvo su lado negativo. Y eso se debe a que, al igual que tengo un certificado que acredita mi discapacidad, también tengo otro que me valida como persona de gran inteligencia.

Sé que ahora mismo estaréis pensando algo así como: «¡Coño, David, no seas exagerado, eso no tiene punto de comparación, es algo positivo!».

¿Pues sabes lo que te digo? ¡Que una polla como una olla! Esta etiqueta fue un auténtico calvario, sobre todo en la época del instituto. Si ya de por sí, muchas veces, las expectativas y exigencias que los padres imponemos a nuestros hijos suelen ser bastante elevadas, imagínate si un estamento público como es el colegio certificara que nuestro hijo es superdotado. Pues apaga y vámonos.

Querían que sacara matrícula en todo, lo cual, la verdad, nunca pasó; ni estuve cerca de conseguirlo, ya que, más que guiarme por el principio de excelencia, me guie por la ley del mínimo esfuerzo, cosechando unos cuantos cincos pelados. No sé si esto se debía a que, como me decían los profesores, era un auténtico vago, o a que el nivel medio del profesorado era bastante mediocre y me aburría muchísimo.

Todavía recuerdo una vez que una profesora quiso ponerme un parte por dormirme en sus clases. Bueno, más que por eso, fue por decirle que era tan mala que no necesitaba escucharla para aprobar la asignatura. Evidentemente, aquello hirió bastante su ego, así que me retó: si aprobaba el examen trimestral, me dejaría dormir durante el resto de sus clases, y si suspendía, me pondría un parte grave. Yo acepté sin dudarlo, y para añadirle tensión al asunto y humillarla aún más, le demostré que estábamos casi al final del trimestre y que aún no había abierto el libro, quitando el film protector delante de ella.

Más allá de ser un cabronazo, diré en mi defensa que esa mujer y yo nos llevábamos bastante mal desde el día en que me vaciló delante de toda la clase. A la muy «simpática» se le ocurrió la genial idea de llamarme «coji-manqui» cuando me rompí el codo y llevaba el brazo en cabestrillo. Evidentemente, se la tenía bastante jurada.

Después de aprobar el examen con un 9, como no podía ser de otro modo —el único que saqué en todo mi periplo estudiantil—, me pasé el resto del curso llamándola La Más In, abreviatura de «la más insignificante».

Ahora que lo pienso, esta historia es cojonuda para demostrar lo crueles que podemos llegar a ser como seres humanos cuando alguien nos infravalora o nos anula de alguna manera. Y es que no nos basta solo con demostrar que estaba equivocada y que valemos más de lo que pensaba, sino que además sentimos una necesidad imperiosa de humillar o castigar a esa persona que nos hizo daño en cuanto tenemos la oportunidad de hacerlo.

A esta conclusión llegué cuando salí del instituto, aunque en ese momento lo expresaba de una manera más políticamente incorrecta, diciendo que las personas que solían ser más hijas de puta eran los gordos y los discapacitados.

¿Por qué decía tal barbaridad? Porque, si lo piensas, estos colectivos eran posiblemente los que estaban más expuestos al *bullying* en el colegio. Y, por supuesto, nadie nos ha enseñado a gestionar emocionalmente lo que supone ser vapuleado durante años por el simple hecho de ser diferente. Por eso muchas veces estas experiencias dolorosas pueden generar en la persona que las ha sufrido una rabia y un odio tan profundos hacia la sociedad, que con el tiempo la inducen a adoptar las mismas conductas dañinas que sufrió en el colegio.

La verdad es que lo que os acabo de contar no estaba previsto para esta parte del libro, pero sirve como preámbulo del capítulo que dedicaré en exclusiva al *bullying*. Y ya os aviso de que no va a ser como posiblemente os esperáis; no solo os voy a contar alguna que otra putada que he vivido, que también lo haré, sino que me centraré más en lo cabronazo que fui con mis compañeros de clase. Porque, queridos lectores, agarraos al asiento... por si aún no lo sabíais, YO HICE BULLYING.

De vuelta al tema que nos ocupa, el resultado del famoso test de inteligencia incendió aún más la ya candente relación que tenía con mis progenitores. Para ellos, esta noticia fue como un soplo de aire fresco, ya que, por primera vez, más allá de los fisioterapeutas y las operaciones, encontraron una alternativa bastante plausible para que mi discapacidad no tuviera tanto peso en mi vida. Sin embargo, una vez más, mi mente hizo su propia interpretación.

Lo que ellos veían como medidas para mi bienestar, yo lo percibía como una evasión de la realidad. Concebían todas esas exigencias y esfuerzos para que fuera el mejor estudiante de la clase como un reflejo de su falta de aceptación de mi discapacidad y, por extensión, de mí mismo.

Esta brecha cada vez más profunda e insalvable entre mis padres y yo aumentó aún más mi necesidad de aceptación y validación social. Además de recurrir a cualidades innatas, como mi belleza y mi inteligencia, para ser aceptado, desarrollé otras desde cero, como fue mi famoso humor negro.

El graciosillo de la clase

Aquellos que me conocéis, ya sea por seguirme en las redes sociales o por haber asistido a alguna de mis divertidas conferencias, sabéis de primera mano que el humor está muy presente en mi discurso. Pero si por casualidad tenías la mala suerte de no conocerme y este libro ha llegado a tus manos caído del cielo, estoy seguro de que, a estas alturas, ya lo habrás comprobado por ti mismo y te habré arrancado unas cuantas carcajadas.

Dicho esto, y aunque te pueda sorprender, nunca me he considerado especialmente gracioso. O, mejor dicho, no es algo que me surja de manera innata, como les pasa a otras personas que, digan lo que digan, te meas de la risa con ellas.

Sin embargo, desde muy pequeño fui consciente de que una de las cosas que podía doblegar hasta a la persona más intransigente y malvada era... la risa.

Al descubrirlo, y teniendo en cuenta que mi único objetivo en esos momentos era ser aceptado a toda costa y evitar el rechazo, el humor me vino como anillo al dedo, transformándose en la herramienta perfecta para lograrlo.

Si analizamos juntos cómo el humor se fue convirtiendo en una parte troncal de mi personalidad, podremos concluir que este proceso tuvo dos fases bastante marcadas. Una primera, donde estas gracias o bromas no tenían nada que ver con mi discapacidad, y una segunda, donde la mayor parte de mis gracietas giraban en torno a ella. Esta última fase no sé si os habrá llamado la atención, pero puede sonar bastante contradictoria si la comparamos con la finalidad que tenía el mote de Pichichi. Cuyo objetivo, por si no lo recordáis, era intentar que la gente no centrara su atención en mi discapacidad.

Dejando a un lado esta interesante contradicción, que aclararemos más adelante, vamos a desarrollar un poco estas dos fases para que podamos comprender en profundidad cómo mi humor se fue haciendo cada vez más negro y «discapacitado».

1.ª fase del humor: ni rastro de la discapacidad

En sentido cronológico, esta fase corresponde a los últimos años del colegio, donde gracias a mi intelecto descubrí que si hacía reír a los compañeros de clase tenía más posibilidades de hacer amigos. De ahí que convirtiera el típico y aburrido momento del baño en una especie de Paramount Comedy durante el cual practicaba horas y horas frente al espejo todas las bromas y gracietas que había visto en la tele o escuchado en la calle. Eso sí, las adaptaba y mejoraba con el fin de que parecieran propias e hicieran mucha más gracia.

Es verdad que las primeras veces, gracia, gracia, pues no hacía, pero con el tiempo y la práctica la cosa empezó a tomar forma, hasta que me convertí en el graciosillo de clase.

Otra cosa muy curiosa que ocurrió en esta fase, y que probablemente sorprenderá a quienes me conocen, es que mi característica risa a modo de carraca no fue casual. Fue una creación semiconsciente de esos años, y, de hecho, es una copia idéntica de la risa de mi padre.

Flipante, ¿no? O sea, ¿hasta qué punto son capaces nuestras mentes de alterar nuestras conductas con el fin de ser aceptados? Porque, claro, pensad una cosa, cada vez que me reía, captaba la atención de todo el mundo y los contagiaba con mi risa, convirtiéndolos en posibles futuros nuevos amigos.

A aquellos que nunca habéis tenido el placer de escuchar esta peculiar risa, os diré que voy a intentar haceros un regalo en los destacados de mi Instagram (@lomionoes normal) creando un apartado relacionado con el libro para que, entre otras cosas, podáis escucharla por vosotros mismos. Pero si os da pereza, ya os adelanto que es una mezcla entre el sonido de un delfín y el de una carraca. Vamos, que no deja indiferente a nadie.

Otra cosa que quiero deciros, está ya en general para

todos, es que sé que muchos de vosotros estaréis pensando ahora mismo que, sabiendo que esta risa es «falsa», debería cambiarla. Y es algo que hasta yo mismo me he planteado, pero la verdad es que me resulta prácticamente imposible cambiarla, pues la tengo tan automatizada que no sé reírme de otra forma.

2.ª fase del humor: mi discapacidad como piedra angular

Si esta primera fase funcionaba, ¿por qué comencé a dirigir mi humor hacia mi discapacidad?

Por dos simples razones.

La primera, y probablemente la más evidente de todas, es que llegó un momento, sobre todo durante la época del instituto, en la que, por mucho que lo intentara, no podía desviar la atención de mi discapacidad. Tal situación solo me dejaba dos opciones: aceptar que mi discapacidad fuera el blanco de todas las bromas, o tomar el control de la situación y ser yo mismo quien hiciera humor sobre el tema, y de este modo protegerme y ser aceptado.

Quiero que prestemos especial atención a lo que os acabo de contar. Para que seamos conscientes de que, aunque el humor es una herramienta maravillosa para desdramatizar situaciones complicadas, no es el camino definitivo hacia la aceptación real. Si yo, como persona con discapacidad, me aceptara plenamente, no necesitaría recurrir a las típicas bromas que hago sobre mi forma de andar. Estas bromas lo único que buscan es la risa fácil para obtener la validación de los demás.

Por otro lado, hace unos años leí un estudio de Mario

Alonso Puig, que analizaba el impacto que tenía nuestro lenguaje interno en nuestro cuerpo. Los resultados demostraron que el nivel de cortisol, una hormona liberada en respuesta al estrés, aumentaba cuando nuestro lenguaje contenía palabras negativas. Por el contrario, si nuestras palabras eran positivas, el nivel de cortisol disminuía.

Para quien no lo sepa, el cortisol es el responsable de activar el sistema nervioso simpático, encargado de preparar el cuerpo para afrontar un peligro. Esto significa que, si nos insultamos a nosotros mismos, aunque sea en plan broma, estaremos sometiendo a nuestro cuerpo a un nivel de estrés similar al que sentiríamos si un tigre de Bengala nos persiguiera para comernos con la misma voracidad con la que un obeso americano, amante de las hamburguesas, devora su Big Mac favorito.

El doctor Alonso concluyó su estudio con una frase demoledora que me dejó perplejo y me hizo replantearme seriamente la importancia que el humor tenía en mi vida. La frase decía lo siguiente:

«Por mucho que creas que hacerte bromas a ti mismo es gracioso, debo decirte que el ego no tiene sentido del humor y procesa todo lo que le dices de manera literal, tal como demostré en el estudio».

Interesante, ¿verdad? Estoy seguro de que, a partir de ahora, cuando me veas a mí o a otra persona sobreexponer su discapacidad a través de mil y una bromas, ya no lo mirarás con los mismos ojos de admiración. Serás por primera vez consciente de lo solo que se siente y lo necesitado que está de validación.

La otra razón por la que comencé a hacer humor sobre

mi discapacidad, o mejor dicho sobre mí mismo, fue por una frase que alguien me dijo. Sinceramente no logro recordar quién fue, ni siquiera sé a ciencia cierta si la frase se le ocurrió a otra persona, o si realmente fue una construcción de mi mente para justificar los hechos que la originaron.

Como ya me conoces, te voy a hacer rabiar un poco, y antes de desvelarte cuál fue la frase, te contaré como llegué a ella.

Si te preguntara cuáles son las bromas que más te hacen reír, ¿qué crees que responderías? ¡Y no vale responder con lo primero que te venga a la cabeza! Dedícale el tiempo que necesites para pensar bien en la respuesta, porque esta pregunta tiene mucha más miga de lo que parece, especialmente en el contexto social de hoy en día, donde se dice que no se puede hacer humor porque todos tenemos la piel muy fina.

No sé si diste con la respuesta correcta, o mejor dicho, con la que busco, pero si lo hiciste, posiblemente te hayas sorprendido y contrariado bastante... Porque, efectivamente, las bromas que más gracia nos hacen son aquellas en las que nos reímos de los demás, ya sea de un colectivo, de un político, o incluso del rey. Aunque, como bien sabe la revista *El Jueves* y algún que otro rapero, hay temas donde es mejor no hacer el «gamba» si no quieres acabar jugando al escondite por el mundo.

Quizá pienses que lo que digo es solo una opinión personal y una exageración, pero nada más lejos de la realidad. El otro día estuve con un famoso productor de cine y el tipo, muy a mi pesar, me dio la razón con esta frase:

«David, el humor se construye desde los clichés».

¡Tócate los huevos! Os juro que esa frase me sigue enfadando, no porque sea mentira, sino porque me parece una vergüenza que la comedia española continúe haciendo humor partiendo de un principio tan básico y poco inteligente como este. ¡Y para colmo, subvencionado por todos los españoles! ¡Qué bien, ¿eeeh?!

Ufff, perdonad, pero es que llevaba mucho sin dar rienda suelta a mi vena reivindicativa y, claro, me vengo arriba rápidamente.

Siguiendo con el tema, nos encanta reírnos de los demás, y una prueba de ello es que pagamos por asistir a monólogos donde el noventa y nueve por ciento del contenido son bromas más o menos despectivas dirigidas al prójimo.

Todavía recuerdo lo incómodo que me sentí cuando fui a ver el espectáculo de un conocido cómico, y el cabrón se pasó más de media hora haciendo bromas sobre rumanos. ¿Y adivina quién estaba sentado a mi lado? Correcto, un amigo mío rumano. Os juro que no sabía dónde meterme. Imagínate una sala con más de doscientas personas desternillándose de risa, y yo, más blanco que él, sin poder inmutarme ante los chascarrillos y barbaridades que decía. Vamos, que me lo pasé pipa.

Más allá del debate moral y social que esto plantea, en el cual no voy a entrar mucho más, como buen niño observador que era, deseoso de ser aceptado, mi mente dijo: «Si los adultos se ríen de los demás y no pasa nada, yo también puedo hacerlo».

¡Ufff, peligrooo! Si esta afirmación la sacamos de contexto, o, mejor dicho, la situamos en el contexto estudiantil, entonces ya no estamos hablando de humor, sino directamente de *bullying*.

Y claro, blanco y en botella... si veía a mis mayores en la tele riéndose y burlándose de los demás como si nada, y mis progenitores tampoco lo señalaban como algo negativo, ¿qué creéis que iba a hacer yo? Evidentemente, me convertí en el bufón de la clase y a todo el que podía le sacaba un buen mote o le soltaba alguna que otra gracieta semiofensiva.

Otra cosa te digo: si el contexto social de mi época ya no era positivo para un niño, imagínate ahora. Los niños de hoy en día se han criado viendo programas educativos y socialmente aceptados en los que quien suelta la mayor burrada es el que más cobra. O, peor aún, tienen como figuras de autoridad a políticos, que ya sabemos lo sutiles y brillantes que pueden llegar a ser.

¡Vaya pedazo de melón les hemos dejado a los profesores, ¿eh?! Precisamente a uno de ellos fue a quien le tocó regañarme para intentar reconducir mi comportamiento y que dejara de ser tan cabroncete con mis compañeros. La verdad es que no recuerdo mucho el contenido de la conversación, pero lo que se me quedó grabado fue la frase con la que te he dejado intrigado al principio, y que decía algo así como:

«David, antes de reírte de los demás,
tienes que reírte de ti mismo».

Por supuesto, este mensaje también lo interpreté a mi manera. Es decir que si yo hacía humor conmigo mismo, por un lado, nadie podría hacerme daño, y por otro, era libre de reírme de quien quisiera. Esto hizo que mi sentido del humor se centrara cada vez más en mi discapacidad, y que, al combinarlo con mi inteligencia, se volviera mucho más sarcástico, ácido y, por supuesto, negro. Características estas que, como bien habéis podido comprobar, predominan hasta el día de hoy y son una parte central de mi personalidad.

Para dar por concluido este apartado sobre mi estilo humorístico, debo admitir que trabajo día a día para trascenderlo, o al menos para suavizarlo un poco, ya que a veces incluso me ha hecho sentir mal.

Por ejemplo, recuerdo una vez que uno de los entrenadores del equipo de natación, un señor muy bueno, correcto y amable, me hizo una pregunta del todo inocente con el único propósito de interesarse por mí. Me preguntó que qué tal andaba, y yo le contesté automáticamente: «¡Pues torcido, como siempre!». Al oír mi respuesta, el pobre hombre se quedó blanco y me pidió disculpas unas cincuenta mil veces por si me había sentido ofendido. Al ver lo compungido que estaba el señor, una sensación de malestar recorrió mi cuerpo, y entendí que ya era hora de ir evolucionando como persona y de cultivar un humor menos crudo y más empático y comprensivo con los demás.

Narcisista hasta la muerte

No sé si os habéis dado cuenta, pero en este capítulo la discapacidad, aunque sigue presente, porque está claro que no me la puedo sacar de encima, no ha tenido ni mucho menos un papel protagonista, y ha funcionado más bien como un catalizador de historias. Eso me ha permitido centrarme más en los diferentes rasgos que conforman mi personalidad, analizando cada uno de ellos desde su origen. Y por origen no me refiero al momento cronológico en el que surgieron, que eso no es tan importante, sino a la causa psicológica que los creó: **una necesidad imperiosa de ser aceptado.**

Esta necesidad básica que todo ser humano tiene la he querido ilustrar, con fines dramáticos y por sus semejanzas con la realidad, con la metáfora de «la carrera de la aceptación». Pero ahora que estamos llegando al punto en que comenzaré a explicaros qué consecuencias tuvieron todas las estrategias psicológicas que empleé para escalar posiciones en su ranking, quizá, y debido a lo negativas que fueron tanto para mí como para otros que tuvieron que soportarme, sea más adecuado compararla con los *Juegos del hambre*, pues este símil sí que recoge la brutalidad que muchas veces alcanza este «juego social» en el que todos participamos.

Las consecuencias de mi humor negro, mis aires de superioridad intelectual, o ese miedo gigantesco a la soledad, al ser factores tan notorios y determinantes en mi vida, los desarrollaré en capítulos específicos recogidos y englobados en los siguientes temas: el *bullying*, el deporte y, cómo no, el sexo.

Pero antes de adentrarnos en estos temas, no puedo concluir el presente capítulo dedicado a definirme como persona sin hablar de uno de los regalos más envenenados que me ha dado la discapacidad, o más bien, la forma en que la sociedad tiende a tratar y abordar esta condición. Y como no se me ocurre ninguna forma mejor de introducir este regalo en forma de rasgo de personalidad, voy a presentarlo con una frase que leí en uno de esos libros budistas que tanto me gustan:

«La persona victimista es, en esencia, una gran **narcisista**.
Cree que sus problemas son culpa de los demás
y que no se merece lo que le sucede,
porque se considera perfecta».

No sé si entre tus planes futuros está la interesante tarea de estudiar cómo somos las personas con discapacidad. Pero, si fuera así, debo decirte que ya no necesitarás hacerlo: con esta frase te acabo ahorrar un tiempo precioso, pues nos describe a la perfección al noventa por ciento de nosotros.

Porque, sí, amigos, ¡las personas con DISCAPACIDAD somos unos auténticos NARCISISTAS!

Pero ¡eh! De esto, al igual que de la discapacidad, no tenemos nosotros la culpa, y aunque es verdad que no soy de los que le echan la culpa a nadie, en este caso te la tengo que echar a ti y a toda la sociedad en general.

¿Que por qué? Bufff... Creo que, a estas alturas, tras haber dedicado casi medio libro a explicarlo, no debería tener que añadir nada más. Pero, si aún quedan dudas, te lo resumo rápidamente:

Si me educas bajo la creencia de que mi discapacidad es un problema, de que eso genera pena y/o admiración y de que por eso dependeré siempre de los demás para desarrollarme como persona, después no esperes que sea un tipo enamorado del mundo, superautónomo y resolutivo.

Porque ya te digo que eso no va a pasar. Al contrario, lo que creas es una especie de pseudofaraón egipcio que utiliza la pena de las personas a modo de látigo castigador, manipulando y controlando a todo aquel que pueda, con el único propósito de satisfacer sus necesidades y deseos. Y como oses incumplir alguna de las demandas de este peculiar dictador, te arrojará a los leones de su ira e indiferencia.

Quiero dejar claro que este rasgo de personalidad y otros que veremos a continuación solo pueden darse en niños y niñas que, aun teniendo algún tipo de discapacidad, poseen una capacidad cognitiva más bien alta.

Es cierto que la manera en que he comenzado este apartado quizá pueda sonar demasiado categórica o incluso exagerada. Sin embargo, además de que, como ya sabes, me encanta llevarte a los extremos para provocarte cierta incomodidad ética y moral, puedo asegurarte que, tal como he podido comprobar durante mis años de educador en el ámbito de la discapacidad, y como alguien que la experimenta en primera persona, se trata de un fenómeno más común de lo que parece. Es el resultado de cómo la beneficencia y el paternalismo —mencionados y desarrollados en el capítulo 6— impactan de manera directa en nuestras conductas y actitudes.

Este paradigma de la discapacidad hace que tú, como persona que la vives de manera directa, seas totalmente consciente de que, aunque en muchos momentos pueda ser motivo de rechazo, cuando entra en juego la discriminación positiva tienes un poder superior al de otras personas.

Esto se puede observar perfectamente en la inmunidad de la que disfrutaba en el instituto por el simple hecho de tener una discapacidad. Como iba de malote y graciosillo por el mundo, alguna que otra vez me pasé de listo burlándome de quien no debía. Los agraviados, en lugar de cruzarme la cara, como habrían hecho con cualquier otro, se limitaban a increparme apretando los puños:

«David, porque eres cojo, si no,
te daba una somanta palos que ibas a flipar».

Vamos, que además de ser un cabrón, encima era «huevito», y nadie me podía pegar.

Otro ejemplo muy curioso de nuestro trato preferente, que quizá hayas experimentado alguna vez, es cuando vas a coger el coche con unos amigos y hay una persona con discapacidad en el grupo.

¿A que normalmente siempre hay dos que discuten por ver quién va delante?

Pues bien, cuando hay una persona con discapacidad, esa disputa desaparece como por arte de magia, y automáticamente esa plaza se asigna a la persona que tiene la discapacidad. Esto, a mí, siempre me ha llamado mucho la atención, porque no sé en qué causa empírica se basan para tomar esa decisión. Quizá sea por un error de asociación, y al tener el tamaño del miembro viril por encima de la media piensen que con mis piernas pasa lo mismo. Sea por lo que sea, como diría Juanito, la persona con discapacidad intelectual que participó en una de mis conferencias: «para una cosa en la que somos VIPS, no vamos a quejarnos, ¿no?

Todo el «buenismo social» recogido en estos ejemplos fomenta en los demás una necesidad innata de ayudarte, lo cual, en principio, está muy bien. Sin embargo, el problema surge en ti, cuando te das cuenta de que estás tan acostumbrado a que te ayuden en todo que ya no puedes discernir cuándo necesitas ayuda realmente y cuándo podrías hacerlo por ti mismo.

Pero, espera, que aquí no acaba la cosa. El tema se vuelve aún más complicado cuando entra en juego el narcisismo «puro», y dejas de ver la ayuda de los demás como un acto voluntario por el que deberías estar agradecido, y comienzas a verla como una obligación de los otros. Es decir, tu mente convierte ese acto compasivo en un deber social que los demás han de cumplir debido a la «desafortunada» situación que te ha tocado vivir.

Os juro que esto es una putada enorme, porque es totalmente inconsciente; no te das cuenta. Es tan automático que, cuando consigues abrir los ojos, ya estás holgazaneando y aprovechándote del otro. E imagínate esto mismo en el mundo de la pareja: se multiplica por mil. Ya me alcanza a contar con los dedos de las manos la cantidad de chicas que han huido despavoridas diciéndome que no querían ser mi madre.

Cambiar este automatismo posiblemente sea uno de mis retos personales más difíciles, ya que implica tener que enfrentarme a uno de mis miedos más grandes: la soledad.

Si analizamos bien la conducta que estoy describiendo, esta necesidad de ejercer el control sobre la gente no se debe ni mucho menos a que eres un vago y quieres que te lo hagan todo, que también puede suceder, sino que es un mecanismo de defensa para que nunca te puedan abandonar. Y aquí radica la complejidad de este asunto: cuando trabajas tu independencia, te ves obligado a enfrentarte de manera directa a tu imponente soledad. Y eso, como os decía, me daba muchísimo miedo.

Por desgracia, el narcisismo no es el único «regalo» que me ha dejado la discapacidad. Me dejó uno aún peor, con el que sigo luchando hasta el día de hoy.

Ese regalito es... ¡¡¡UNA ADICCIÓN!!! ¡¡¡Toma ya!!! Y nos lo queríamos perder, ¿eh?

Pero... no seáis cabrones, que os leo la mente, esta adicción no va de metanfetamina, que, oye, al menos me permitiría volar un rato, sino de validación social.

Soy un adicto de cojones a que la gente me diga lo guay que soy. Es verdad que esto es más una manifestación parcial del narcisismo que un rasgo aislado, pero lo he querido separar para que seas consciente, sobre todo si tienes un hijo con discapacidad, de que esa sobreexcitación que hacemos de todos sus actos convirtiéndolos en SUPERHÉROES es otra puta jodida cárcel de difícil escapatoria.

Te lo dice uno que, más o menos, logró salir. Pero me estoy adelantando a lo que te contaré en el capítulo donde desarrollo mi relación con el deporte. Además, ejercer de personaje heroico pudo haber tenido consecuencias fatales. Me refiero a que llevé a tal extremo la necesidad de recibir halagos de la gente, que asumí retos deportivos para los cuales mi cuerpo no estaba preparado. De hecho, en cada competición lo dañaba un poco más.

¿Y para qué?

¿Son más importantes unos cientos de «me gusta» que nuestra propia salud?

Pues ya te digo que no. Y si no te he convencido de que, desde tu responsabilidad como padre, suprimas de tu vocabulario frases como «menudo campeón está hecho mi hijo» o «es todo un superhéroe», ya puedes empezar a tragar saliva. Porque en los siguientes capítulos te mostraré las consecuencias de criar a nuestros hijos en palmitas, haciéndoles creer que el mundo es malvado y que ellos son perfectos.

Y a todos aquellos que no tenéis relación con la discapacidad, y creéis que lo que acabo de contar aquí no os incumbe, os diré que todo el contenido de este capítulo, desde la carrera de la aceptación hasta el narcisismo, es algo a lo que todos estamos expuestos en mayor o menor medida, y que, como bien indica el título de este libro, la mayor discapacidad del ser humano es el miedo. Y de eso, amigos, todos tenemos.

8

Yo hice *bullying*

Vivimos en una sociedad en la que el miedo controla todos los aspectos de nuestras vidas. Pasamos el tiempo huyendo constantemente, intentando alejarnos de cualquier situación que pueda causarnos dolor, ya sea emocional o físico. Esta huida frenética para alejarnos y protegernos de este vil enemigo emocional hace que nuestras mentes pongan el foco en cualquier elemento que pueda considerarse negativo o peligroso.

Un claro ejemplo de ello podemos encontrarlo en el contenido de los informativos de la tele, donde rara vez verás historias bonitas y felices de la gente, dado que, por el contrario, están saturados de noticias que muestran el lado más oscuro del ser humano: asesinatos, violaciones, robos o guerras, entre otras desgracias.

Poner la mirada en nuestra oscuridad es, a mi parecer, fundamental para que cualquier sociedad prospere y se transforme. El problema es que observamos estas sombras desde el miedo, un lugar desde el cual nunca podremos verlas sin juicio ni culpa, y, en consecuencia, no podremos aprovecharlas como verdaderas oportunidades de crecimiento.

La única forma conocida de alcanzar la verdadera comprensión de nuestra oscuridad y, en última instancia, de lo que somos en esencia, es abrazar y aceptar nuestras sombras desde el amor incondicional. Si lo hacemos, nos daremos cuenta de que, como bien dice este antiguo proverbio chino que posiblemente me haya inventado:

«Toda sombra siempre tiene en su origen una luz».

Entender esto es de vital importancia para que podamos acoger los relatos que vienen a continuación desde una perspectiva lo más abierta y asertiva posible. Porque, después de haber compartido con vosotros algunas de mis sombras en el anterior capítulo, no quiero ni pensar en lo mal que podría llegar a caeros si leéis este capítulo de provocador título desde el miedo y el dolor personal.

La mejor defensa siempre fue un buen ataque

La verdad es que llevo un buen rato dándole vueltas a cuál sería la mejor forma de contaros mi relación personal con el *bullying*, cosa que todavía no lo he logrado. No obstante, mientras me decido, hay algo que tengo muy claro. No puedo adentrarme en este suculento tema sin dar respuesta a una pregunta fundamental:

¿Qué cojones es el *bullying*?

Desde un plano totalmente racional, tal como lo define la RAE, el *bullying* es la práctica del «acoso escolar», es decir, el maltrato físico o psicológico deliberado y continuado que recibe un niño por parte de uno o más niños.

Okey, esta definición queda muy bonita y nos sirve para posicionarnos mejor en la materia, pero considero que es bastante superficial, ya que no ahonda en su origen. Es decir, ¿por qué surgen estas situaciones de maltrato y vejación hacia otras personas? ¿Es, como he oído tantas veces, porque «los niños son unos cabrones»? ¿O, como también he escuchado en otras ocasiones, porque hay perfiles que nos incitan a actuar de esa manera?

En mi opinión, no creo que se deba ni a una cosa ni a la otra. Lo que sí creo es que el *bullying*, o, dicho de otra manera, el acto de menospreciar de manera constante o puntual a otras personas, es una conducta compensatoria que nace de una necesidad tan básica como es la supervivencia. Y al emplear esta palabra no me refiero a que nuestro cuerpo corra peligro, porque, aparte de que te atraviesen con un compás en el *insti*, no existen muchos más *dangers*, que digamos.

El verdadero riesgo, una vez más, es social, y se encuentra en nuestras mentes, en la visión que tenemos de nosotros mismos, o, dicho en términos psicológicos, en nuestra autoestima, que sí va a estar bastante expuesta a las constantes amenazas que entrañan las bromitas de los compañeros, los juicios de los profesores y el instituto en general.

Frente a este panorama, y al igual que ocurre en la sabana africana, aquí sobrevive el más fuerte. Porque, ¿cuántas veces habéis oído la clásica frase de «o pisas o te pisan»? Yo, miles de veces. Y creo que basta con leer el título de este capítulo para saber en qué grupo social me encontraba, si en el de los pisados o en el de los pisadores.

Para que quede claro, la elección del grupo al que pertenecerás no se lleva a cabo de manera consciente, y muchas veces ni siquiera tienes poder de elección, ya que esta vendrá determinada por el lugar que ocupes en el «famoso» ranking social de la carrera por la aceptación al que ya me he referido antes.

Este ranking se divide en dos partes. Por un lado, tenemos en las últimas posiciones a «los que reciben», como los «raritos», los «frikis», los «gafotas», los «gordos», y, por supuesto, los discapacitados. Por el otro, tenemos en las posiciones más elevadas a «los que reparten», como el «guapete de clase», «el malote», el «graciosillo»... Los «guays», vamos.

A simple vista puede observarse que mi posición inicial no estuvo ni siquiera cerca de la línea de salida. Desde el principio, debido a mi notable diferencia —a «mi discapacidad»—, estuve expuesto a todo tipo de rechazos: miradas, bromitas, risas a mis espaldas, burlas... En resumen, también me llevé lo mío

Cuando esto ocurre, tienes dos opciones: agachar la cabeza y sucumbir a tus verdugos, o revolverte, a riesgo de que te lleves una reprimenda aún mayor en forma de colleja. Es cierto que, al principio, debido a que la fuerza física y el equilibrio nunca fueron mi fuerte, me tocó optar por la primera alternativa. Sin embargo, con el tiempo y gracias a que era bastante espabilado, descubrí una tercera posibilidad que aunaba las dos anteriores y que me situaba en una posición de mayor control de la situación.

Y es que, en mi afán por sobrevivir al dolor emocional que me causaba sentirme rechazado en el colegio, aprendí que la persona que te insulta o que incluso te pega busca una reacción de dolor y dominación sobre ti. Por consiguiente, si no ofreces ninguna respuesta y te muestras impasible ante quien te maltrata, la persona que se burlaba de ti se acaba cansando y deja de hacerlo.

Esta comprensión tan profunda y significativa del ser humano me la enseñó mi madre. Aunque no de la manera que posiblemente os estéis imaginando, empoderándome con mensajes de amor y cariño, que, oye, la mujer lo hacía como podía.

¡Pues no! No fue así. Fue... a través del CASTIGO.

Sí, del castigo. Porque la verdad es que durante mis años de preadolescencia pasé la mayor parte del tiempo encarcelado en casa, ya fuera por suspender inglés por enésima vez, por organizar una fiesta clandestina en casa y perder al gato, o por encerrar a un amigo borracho en el sótano, entre otras aventuras. Por cierto, esta última anécdota, la de encerrar a un colega borracho en un sótano, te la desarrollaré después, pues tuvo un impacto considerable en mi adolescencia, y por tanto en mi personalidad.

La cuestión es que, cuando castigas a un niño, lo que realmente buscas es generar un cambio en su comportamiento. Es decir, quieres que deje de actuar de esa manera que tú, como progenitor supremo y encargado de su educación, consideras negativa e inadmisible, y además esperas que muestre un cierto arrepentimiento. Y justo ahí, en esa segunda parte, cuando yo iba como un perrito faldero a rogarle a mi madre que me levantara el castigo, fue donde me di cuenta de que eso era lo que realmente quería la muy *desgraciá*, y de que disfrutaba mucho con ello. Porque esos momentos de tira y afloja, cuando le suplicaba que por favor me liberase de mi encierro carcelario, eran los únicos durante los cuales me tenía totalmente doblegado y a su merced.

Esta sensación de dominancia y «falso control» del otro es extremadamente adictiva, ya que, al situarnos en una posición de superioridad, compensamos psicológicamente nuestro propio sentimiento de inferioridad. Eso refuerza nuestro rol de víctima al confirmar la creencia de que teníamos razón y, en consecuencia, merecemos la redención o el reconocimiento de los demás.

Tengo muy claro que es probable que a tu mente no le guste una mierda lo que estoy diciendo, porque aceptar algo así resulta incómodo y perturbador de la hostia. Pero antes de que pienses que estoy exagerando, quiero que reflexionemos juntos.

¿Qué sientes cuando ese amigo o enemigo que te ha hecho daño te pide, casi suplicando, que lo perdones? ¿O cuando tu expareja reconoce que se ha equivocado y quiere volver contigo?

¿Se lo pones fácil? ¿O te haces un poco el remolón, aun sabiendo que, aunque sea eventualmente, los vas a perdonar?

Y no solo eso. ¿Qué pasa cuando, después de perdonarlos, vuelven a cometer un error o hacer algo que no te gusta? ¿Los castigas sacándoles la cartilla del médico, recordándoles todas las cagadas del pasado y lo mal que se han portado contigo?

No hace falta que respondas, me hago una idea de las respuestas. Pero hay una pregunta a la que sí quiero que le demos respuesta:

¿Sabéis como se llama todo esto
de lo que estamos hablando?

¿No? ¿Sí? Como no dispongo de inteligencia artificial que me permita saber vuestras respuestas, yo la responderé por vosotros.

A esto, amigos lectores, se le llama manipulación emocional, y si se repite de manera sistemática y recurrente pasa a ser maltrato psicológico.

¡Guau, ¿eh?! Sé que te acabo de reventar el cerebro cosa mala, y en estos momentos debes de estar dándole vueltas sin parar, tratando de recalcular tu programación mental.

Mientras lo consigues, quiero que tomemos conciencia de algo importante: cuando no se cumple esa necesidad básica que todos tenemos como seres humanos de sentirnos validados y aceptados, cada uno de nosotros desarrolla sus propias estrategias para compensar ese rechazo al que todos estamos expuestos. Tanto quien ejerce el *bullying* como quien lo sufre utiliza, desde el punto de vista psicológico, un procesamiento bastante similar; la diferencia es que uno se antepone al peligro protegiéndose a través de la fuerza, ya sea física o intelectual, mientras que el otro se cobra su venganza más adelante en forma de manipulación emocional, mostrando así su superioridad moral.

Una vez que entendí el funcionamiento mental de mi madre al castigarme, supe que lo único que debía hacer para resistir sus acometidas era reprimir mis emociones: mi dolor, mi sufrimiento, la frustración y, por supuesto, las lágrimas. No podía mostrarle ni un atisbo de debilidad, porque ahí era donde residía su verdadero poder sobre mí.

Esta muralla defensiva construida con las piedras de la indiferencia y el desdén iba de la mano de un arriesgado pero eficaz plan ofensivo, consistente en lanzar una serie de provocaciones verbales totalmente calculadas que buscaban poner en jaque su autoridad moral.

Un ejemplo perfecto de ello era cuando la sacaba tanto de sus casillas que recurría a la mayor herramienta de adoctrinamiento que ha tenido siempre un progenitor frente a su hijo: la bofetada. Es cierto que en la época de los *boomers* todavía era peor, porque si no te daban en casa con la zapatilla, te daban las monjas en el cole con la regla de madera.

¡Como veis, en esta vida si no te consuelas es porque no quieres!

El caso es que cuando veía a mi madre con la zurda cargada a punto de ser disparada, me plantaba frente a ella y le decía:

«Venga, pégame, así me demuestras el tipo de educación que quieres darle a tu hijo, resolviendo las discusiones a golpes».

Imagínate la cara que se le ponía a la pobre mujer cuando el cabronazo de su hijo le hacía un jaque intelectual de ese calibre. Evidentemente, enfundaba la zurda y mataba su frustración llamándome «hijo de puta». Y entonces yo, en lugar de disfrutar de la victoria y dejar correr el tema, remataba el partido diciendo algo así como «¡Huy, mamá, no sabía que eras de esas!».

Estoy seguro de que, más de uno y de dos, al leer esto, estará diciendo la típica frase del padre que practica un estilo de crianza digno del Pleistoceno, dicho sea con todos mis respetos: «Si fueras mi hijo, te enderezaría a base de hostias». Y aunque no pretendo cambiar vuestro *modus operandi*, siempre sostendré que a través del miedo nunca lograremos que nuestros hijos nos amen ni se amen a sí mismos de forma incondicional.

Esta relación tan visiblemente conflictiva con mi madre me permitió, como les decía entre bromas a mis colegas, estar entrenado para las batallas que había de librar en el instituto. Aunque es cierto que esta técnica defensiva que os acabo de contar funcionaba bastante bien, había situaciones en las que, por mucho que quisiera, me dolía tanto que no podía bloquear mis emociones.

Esto sucedía especialmente cuando algún compañero de clase se burlaba de mí delante de los demás, imitando mi forma de andar. Os juro que nunca he sentido un dolor tan profundo, porque esta situación, además de exponerme a las risas del resto de la clase, me conectaba con el origen de todos mis problemas: mi discapacidad.

Creo que no hace falta que lo diga, pero llega un momento en que, al enfrentarte a una situación tan dolorosa de manera continuada, sientes literalmente que te mueres por dentro. Esta agonía te empuja de forma inconsciente a buscar desesperadamente un modo de evitar que esa circunstancia se repita.

Mi sistema, ya lo conocéis, básicamente consistió en volver mi humor más agresivo e hiriente hacia los demás, utilizando el *bullying* como mi gran escudo protector.

Ahora, desde mi visión de adulto, soy plenamente consciente de que la solución que encontró mi mente infantil no fue ni de lejos la mejor. Sin embargo, con las limitadas herramientas emocionales que poseía y el escaso apoyo que recibimos en el colegio en ese aspecto, era la única opción que tenía. Porque como bien me enseñó la sociedad:

«O pisas o te pisan».

Mi primera gran víctima: mi mejor amigo

Desde muy pequeño, siempre he tenido una visión y una forma de relacionarme con el mundo un tanto diferente de lo que dicta la norma. No sé si se debe a que, como dicen algunos, los zurdos somos altamente creativos, o porque, al tener una discapacidad, me he visto obligado, por cojones, a hacer las cosas de manera diferente. Sin embargo, en este caso creo que no puedo culpar a mi característica forma de andar, ya que siempre he tenido un espíritu bastante reivindicativo. Las normas y yo nunca nos hemos llevado muy bien que digamos, y con tal de dar la nota lo hacía todo al revés.

No sé si fue porque necesitaba alimentar esa vena reivindicativa y revolucionaria que yo tenía, pero, aunque pueda sonaros contradictorio, en el colegio siempre me gustó defender a los más débiles. Bueno, para ser totalmente sincero, debo aclararte un par de cosas.

La primera es que «defender» quizá no sea la palabra más adecuada para lo que yo hacía, pues por mucho que me envalentonara y me viniera arriba, con un simple soplido me tiraban al suelo. Así que, mejor lo dejaremos en «apoyar» y «acompañar». ¡Que, oye, menos da una piedra!

Y la segunda es que, más que empatizar con el débil —debido al personaje de tipo duro que me había creado, los «quejicas» y los «pobrecitos» me provocaban bastante *cringe*— lo que realmente sentía era una gran predilección por aquellas personas que, por hache o por be, eran diferentes y estaban expuestas a cierto rechazo social.

Un ejemplo de lo que digo es que uno de los primeros amigos que me eché en el cole era gitano. Me di cuenta de que, por el mero hecho de pertenecer a la etnia gitana, tanto los profesores como las madres repipis de otros niños lo trataban de manera distinta y le atribuían automáticamente «cualidades» como la de ser un ladrón, una mala persona, o incluso la de ser un sujeto «insalubre».

La verdad es que nunca lo vi robar, y sucio tampoco iba, porque el tío era bastante presumido y siempre venía de punta en blanco. Eso sí, no sé si fue por influencia social o por su propio carácter, tenía la mano un poco suelta y resolvía las típicas disputas infantiles como «este lápiz es mío» o «me has quitado el sitio» a base de hostias. De hecho, ya con siete u ocho años, lo apodaban el Makinavaja.

Conmigo, tengo que decirlo, era un encanto, y aunque la vida nos llevó por otros derroteros, siempre le estaré eternamente agradecido. No solo porque me aportó una gran sensación de seguridad frente a otros en el colegio, sino porque con él tuve el honor de... ¡¡¡hacer mi primer calvo!!!

Os juro que ese recuerdo posiblemente esté en mi top 10 de mejores momentos vitales. Qué sensación de libertad experimentabas corriendo junto a él con el culo al aire, mientras las monitoras del comedor nos perseguían escandalizadas.

Otro amigo del que me enamoré casi al instante al verlo entrar por la puerta de clase fue Seryu, mi amigo rumano. Al igual que el Maki, este tampoco se libró de los juicios de algún que otro padre «paleto» que lo miraba raro por ser extranjero, convencido de que sus padres venían a quitarles el trabajo.

Por suerte, esas tonterías «raciales» me quedaban bastante lejos. Para empezar, ni siquiera sabía ubicar Rumanía en el mapa, y lo único que me importaba era que Seryu se presentó el primer día de clase con una gorra negra del

Real Madrid, lo cual significaba que ya teníamos algo en común.

Otra cosa que me encantaba de él era que no sabía hablar español, así que durante los primeros meses me convertí en su profesor particular y le enseñé el vocabulario más importante para cualquier niño en el colegio: todo tipo de insultos y, por supuesto, las diferentes formas de llamar al miembro viril. Por cierto, si no lo sabéis, un gran cantautor español llamado Leonardo Dantés dedicó una canción a este tema, titulada «Tiene nombres mil». Os invito a que la escuchéis, es un auténtico TEMAZO.

Ahora que ya conocéis a mis «peculiares» primeros amigos, os voy a presentar al verdadero protagonista de este apartado, mi primer mejor-peor amigo.

Curiosamente, este también se llamaba David. Pero, a diferencia de mí, sus habilidades sociales no estaban muy desarrolladas que digamos, y a la gente le caía bastante mal. Eso es algo que nunca llegué a comprender, ya que no tenía ninguna característica que pudiera estigmatizarlo, como les sucedía al Maki o a Seryu. Al contrario, era español, bastante guapete, y además era el mejor jugando al fútbol, una cualidad que, en la microsociedad del colegio, resultaba sumamente valiosa. Es más, si yo hubiera tenido esas cualidades, me habría ligado hasta a la profesora de inglés con tal de que me aprobara la asignatura de una vez por todas.

Irónicamente, para él la realidad era bastante distinta: el pobre se convirtió en el marginado de clase, y se pasaba la mayoría de los recreos solo. Como os conté antes, este tipo de situaciones despertaban una gran curiosidad en mí y sacaban a la luz mi predisposición a querer «rescatar y salvar» a los demás. Así que me puse manos a la obra y comencé a hacerle compañía durante los recreos. Poco a poco lo fui integrando en los partidillos que los demás niños y yo solíamos echar durante el descanso.

No sé si fue gracias a mi validación, o porque simplemente comenzó a mostrarse tal y como era, pero a partir de ese momento, el resto de los compañeros empezaron a aceptarlo, y el rechazo que había sufrido hasta entonces llegó a su fin.

Lo curioso es que, meses después, cuando pasó al instituto, se convirtió en uno de los chicos más populares de clase, que tenía a todas las niñas locas, entre otras cosas. Pero lo que aún resultaba más sorprendente era que con su grupo de amigos cercanos, en el que yo me incluía, se comportaba como un auténtico cabrón.

Nos tenía completamente martirizados, siempre con sus bromas pesadas, desplantes y humillaciones públicas. Y, por supuesto, no podían faltar las collejas. En resumen, hacía con nosotros lo que le daba la gana, y era más que evidente que disfrutaba muchísimo de ese control.

Cada vez que llegaba a casa cabizbajo, después de haber recibido alguna de sus humillaciones, no podía entender qué era lo que había pasado para que hubieran cambiado las tornas de esa manera. Yo había pasado de ser su salvador en el colegio a su víctima en el instituto.

Una dinámica que, vista ahora desde la distancia, me resulta muy curiosa desde el punto de vista psicológico es la que se daba entre quienes sufrimos sus ataques. Ya que, para evitar convertirnos en el blanco de su ira, éramos capaces de mirar hacia otro lado y no intervenir cuando abusaba de alguno de los demás.

Esto ocurre porque cuando nos vemos amenazados por una figura dominante que ejerce el control a través del miedo y la humillación, nuestro instinto de supervivencia toma el mando y nos ordena reaccionar a través de la pasividad. Lo cual, aunque es cierto que nos protege a corto plazo, con el tiempo lo que realmente hace es perpetuar el ciclo del maltrato al validar el comportamiento de nuestro agresor.

¿Y cómo cojones fui capaz de salir de este círculo vicioso tan fascinante?

Pues, para serte sincero, si no hubiera pasado lo que pasó, tanto yo como el resto del grupo aún seguiríamos atrapados. Pero tras lo ocurrido no hubo más tu tía que tomar cartas en el asunto, ya que acabamos todos en... comisaría. ¡Yujuuuuuu!

Joder, cómo me gusta crearos *hype* del bueno y dejaros con la intriga en el cuerpo un par de párrafos más, ¿eh? Si no fuera porque sé que a estas alturas del libro ya me amáis, estoy seguro de que lo cerraríais indignados y me mandaríais a la mierda.

Esto ocurrió una bonita y soleada mañana de algún mes que no logro recordar, aunque, a decir verdad, da exactamente igual. Lo que sí recuerdo, y es relevante para el desarrollo de la historia, es que tal aventura sucedió un día que los profesores estaban en huelga, y no había que ir al instituto.

Así que a mis tres amigos y a mí se nos ocurrió la genial idea de aprovechar esta pausa escolar para adentrarnos en el «bello» mundo del alcohol. Y decidimos organizar nuestro primer botellón a las once de la mañana de ese mismo día en la casa de David, nuestro querido, y a la vez torturador, protagonista.

He de reconocer que, más que un botellón, fue un «intento de», ya que, por no tener, no teníamos ni mezcla. Y ojo, no es que no hubiera en casa, sino que creo que ninguno de nosotros sabía que, para no morir en el intento, lo ideal era mezclar el alcohol con limonada o algo parecido. Y claro, así pasó lo que pasó...

Recuerdo que agarramos la primera botella del típico minibar casero que todo padre que se precie tiene en casa. Casi seguro que era vodka, y del bueno, Absolut, el de a veinte pavos la botella. Sin pensarlo mucho, ya que conocimiento no era precisamente lo que más abundaba en aquel salón, llenamos cuatro o cinco chupitos del tamaño de un plato sopero y nos dispusimos a bebérnoslos.

Justo cuando parecía que, por pura inercia social, iba a terminar sumido en el alcoholismo, mis principios de «buen chico», que aún perduraban en mí, me animaron a rajarme y a no dar ni un sorbo al vaso. Sin embargo, uno de mis amigos, al ver que no pasaba nada, e incentivado por David, se vino arribísima y se debió de beber entre cuatro y cinco vasos.

Habida cuenta de que no tendríamos más de trece años, y que nuestra experiencia más fuerte con el alcohol consistía en confundir el vaso de vino de nuestro padre con nuestra Coca-Cola, pues imagínate cómo terminó el chaval. A la media hora le pegó un pelotazo tan grande que ni siquiera sabía cómo se llamaba.

Al principio, es verdad que la situación era graciosa, y nos reímos un rato, pero cuando el reloj comenzó a acercarse peligrosamente a las dos de la tarde, que era cuando volvían sus padres de trabajar y nuestro amigo seguía igual de borracho, empezamos a ponernos bastante nerviosos.

Bueno, tengo que decir que David, el dueño de la casa,

ni se inmutó. De hecho, parecía que el asunto no iba con él. Mientras que mi otro colega y yo intentábamos ayudar como podíamos a que se le pasara el pedo al borracho, él se quedó tan tranquilo en la habitación de sus padres, jugando con la Game Boy. La verdad es que, conociendo lo cabronazo que era, no nos sorprendió demasiado en ese momento.

Cuando nos dimos cuenta de que la situación era insalvable y de que el chico no podía dar ni dos pasos sin caerse, se nos ocurrió la «genial» idea de aprovechar que había un colchón en el trastero de su casa para dejarlo ahí encerrado hasta que se le pasara el pedo.

Supongo que, como lector, ahora mismo, y sabiendo que terminé en el cuartelillo, te estarás imaginando lo peor. Pero no, el chaval sobrevivió, y por la tarde David bajó a abrirle para que se fuera a casa. Así que, por increíble que parezca, superamos nuestro primer botellón sin que nadie muriera y, lo que era más importante para nosotros —porque la muerte por coma etílico ni siquiera la contemplábamos— sin que nadie nos pillara.

Pero la alegría nos duró más bien poco, porque al cabo de unos días mi madre recibió una llamada de la progenitora de David. Esta le contó que el famoso día de la huelga durante el cual supuestamente nos quedamos en su casa jugando a la Play, en realidad habíamos montado un botellón, y, para colmo, le habían desaparecido 300 euros. Como podéis imaginar, la situación ya empezaba a ponerse peliaguda, pero aún se volvió más complicada cuando la madre de David le dijo a la mía que nos iba a denunciar a la policía.

En ese momento yo estaba alucinando en colores, porque si éramos cuatro en esa casa, y a uno prácticamente lo habíamos aniquilado a base de alcohol, mientras que el otro tenía inmunidad por ser el hijo de la denunciante, solo quedábamos dos a los que cargarle el mochuelo: mi otro amigo y yo.

Por suerte, si es que se puede llamar así, David acusó al otro chico, usando la vil excusa de que era rumano, y claro, «necesitaban dinero en casa». Os juro que me quedé atónito, porque sabía perfectamente que no podíamos haber sido ni mi pobre amigo de procedencia balcánica ni yo, puesto que estuvimos todo el tiempo cuidando del borracho. Y no solo eso: ¿adivináis dónde dijo la madre que estaba el dinero?

Exactamente, guardado en la habitación de los padres, en una de las mesillas de noche. Donde curiosamente David se pasó toda la mañana jugando con la Game Boy. *Uséase*, blanco y en botella.

Aunque todos los que estuvimos en esa casa sabíamos perfectamente que quien había cogido los 300 euros era el propio David, su madre seguía empeñada en denunciarnos a la policía, convencida de que su hijo no podía haber sido, y de que alguno de nosotros era el culpable.

Por supuesto, aquello se convirtió en una auténtica batalla campal entre las cuatro madres, cada una defendiendo con uñas y dientes a su hijo. Bueno, en realidad eran tres, porque la mía dudó de mí hasta el último momento. Gracias a Dios —y mira que no soy religioso—, cuando finalmente me tocó testificar en el cuartel, el policía me tranquilizó diciéndome que eran plenamente conscientes de que el dinero lo había robado el hijo de la denunciante.

Este misterio policiaco, independientemente de que acabara resolviéndose, supuso un auténtico drama para mí. A nadie le cabe en la cabeza que alguien a quien considerabas tu amigo pudiera hacer algo así. Y aunque ya había dado suficientes señales de que no era precisamente un buen amigo, como tristemente sabréis muchos, cuando vives una situación de acoso permanente, terminas normalizando conductas que nunca deberían ser aceptadas.

Esta experiencia no solo puso fin a aquella «amistad», sino que también desencadenó algo mucho más profundo y doloroso: la ruptura definitiva del vínculo con mi madre, que, como ya habéis ido viendo, era prácticamente inevitable.

¿Que por qué acabó de romperse?

Pues la razón está bastante clara. A lo largo de todo el triste e incómodo proceso de la investigación policial, durante el cual me fui dando cuenta poco a poco de que mi amigo no era realmente mi amigo, en lugar de recibir el apoyo de mis padres, lo que obtuve fueron un montón de reproches y de suspicacias acerca de mi inocencia. Y no solo eso: cuando todo terminó, en lugar de permitirme superar el duelo que estaba viviendo, puesto que me había quedado sin amigos, recibí uno de los castigos más duros que jamás me habían impuesto.

Y no lo digo solo porque pasé meses encerrado en mi cuarto sin poder salir, muerto de asco. No, no, no. Lo digo porque me pareció una injusticia. ¡Joder, es que no había hecho nada! Ni había bebido, ni mucho menos había robado el dinero. Mi único pecado fue tener un amigo cabronazo, y haber sido un *güevón* por no saber poner límites y no haber concluido antes la relación, ¡ya está!

Esa profunda sensación de injusticia que sentía me

produjo una frustración y una rabia tan intensas que, en poco tiempo, las lágrimas en los mofletes y los puñetazos en la puerta se transformaron en una gran indiferencia hacia mis padres. En otras palabras, ese fue el momento en que, debido al dolor tan insoportable que sentía, en un desesperado intento por protegerme, mi cerebro dejó de querer a mis padres, bloqueando por completo todas mis emociones.

Por supuesto, la ruptura de este vínculo materno tuvo muchísimas consecuencias emocionales para mí, algunas de las cuales seguro que ya habréis podido deducirlas sobre la marcha. Pero, tranquilos, que ya tendréis ocasión conocerlas en todo su esplendor cuando lleguéis al capítulo dedicado a mi relación con las mujeres. Por cierto, no he podido resistir la tentación y lo he titulado «Mi pene, mi verdadera discapacidad».

Después de haber sembrado en vuestras mentes de forma inconsciente y totalmente gratuita cuestiones tan relevantes como «¿qué debe de tener su pene para que pueda considerarse una discapacidad?» —si aún no os lo habíais planteado, lo siento, porque ahora seguro que no podréis sacároslo de la cabeza—, quisiera proseguir con la historia de mi peor-mejor amigo David. Y es que, aunque pensarais que ahí terminó todo, ya os adelanto que, muy a su pesar, no fue así.

No sé en qué medida estaría contento el protagonista de *Prison Break* cuando salió de la cárcel, pero te puedo asegurar que cuando yo salí de mi arresto domiciliario particular, contento, contento, no estaba, ni de lejos. Es más, me prometí a mí mismo dos cosas: una, que no me iban a pillar en otra así, y dos, que David no volvería a aprovecharse de nadie jamás.

Vamos, que, como veréis a continuación, le hice un plan de vacío tan grande, que me cobré la deuda con creces.

Lo primero, evidentemente, fue mandarlo a la mierda, y lo hice delante de toda la clase con la intención de que todos supieran qué tipo de persona era. Lo cual no me costó mucho, porque, tal como supe con el tiempo, nadie lo soportaba. Esto provocó que de un día para otro volviera a ser el marginado de la clase, y que nadie quisiera juntarse con él.

Para cualquier persona normal, eso ya hubiera supuesto una gran victoria. Pero, claro, hay que tener en cuenta dos cosas: una, que yo estaba hecho una furia y muy resentido; y dos, que había sido educado por una maestra de la manipulación y el castigo como era mi madre. De modo que la cosa no podía quedar así.

Lo que os voy a contar ahora es, sin duda, lo más cruel que le he hecho a alguien de manera totalmente consciente. Así que, por favor, no hagáis esto en casa.

No sé si era por la forma de su cara, pero a David siempre lo llamaban de manera despectiva El Pato, un apodo que, obviamente, no le gustaba una mierda. Teniendo esto en cuenta y aprovechando lo aburridas que eran las clases de Photoshop que nos daban en la asignatura de Informática del instituto, no se me ocurrió otra cosa que coger la imagen del típico patito de goma de baño y añadirle por encima una señal de prohibido.

La verdad es que mostrar esta imagen a nuestros compañeros ya hubiera sido suficiente humillación, pero no, no me detuve ahí. Le di una vuelta de tuerca más, y durante las vacaciones de verano mis nuevos amigos «macarras» y yo imprimimos y pegamos por todo el pueblo cientos de pegatinas con el logotipo del «antipato».

No sé si mi madre llegó a darse cuenta, pero nos fundimos al menos dos o tres cartuchos de la impresora. ¡Era una auténtica exageración! Daba igual por dónde pasaras, siempre te encontrabas una pegatina en una marquesina, en una señal, o a la entrada de alguna vivienda. Teníamos el pueblo completamente empapelado. De hecho, hasta hace muy poco, si te fijabas bien, todavía podías encontrar alguna pegatina descolorida por el paso del tiempo.

Le hicimos la vida verdaderamente imposible. Tanto, que dejó de salir por el pueblo, y creo que incluso terminó marchándose a estudiar a otra localidad.

Pero ¿sabéis lo más curioso de esta historia? Que, hasta el día de hoy, al escribirlo, nunca lo había considerado ni etiquetado como *bullying*. Y, no hace falta decirlo, resulta que cumple con todos los requisitos para serlo.

¿Sabéis por qué creo que nunca lo vi así? Porque, en mi mente, todo lo que hicimos mis compañeros y yo fue en nombre de la justicia. Es decir, se lo merecía.

¡Guauuu, que barrabasada, ¿eh?! Pero estoy seguro de que muchos de vosotros también habéis pensado que se lo merecía. Y la verdad, si lo analizas bien, en cierto sentido fui un buen hijo.

Sí, un buen hijo, porque por primera vez en mi vida seguí al pie de la letra algo que todo padre le ha dicho a sus hijos alguna vez:

«Si te pegan o se ríen de ti,
devuélveselo más fuerte».

Y así lo hice...

El mensaje que lo cambiaría todo

La ruptura del vínculo con mi madre marcaría, sin duda, un punto de inflexión en mi adolescencia. Al percibir mi hogar como un lugar non grato, comencé a buscar fuera todo ese amor y esa validación que cualquier joven de esa edad necesita para desarrollar su identidad y consolidar así su individualidad.

La construcción de esta identidad estuvo profundamente influenciada por las experiencias traumáticas que había vivido, tanto con mi primer mejor-peor amigo como con las múltiples situaciones de rechazo que afronté debido a mi discapacidad. Así que, con la esperanza de no volver a sufrir nunca más, comencé a moldear mi personalidad adoptando una fachada mucho más dura y aparentemente empoderada. Esto, sumado a mi proverbial humor negro, dio lugar a mi personaje del «tío chungo».

Si hubiéramos podido ver esta transformación en directo y desde fuera, habríamos observado cómo cada aspecto de mi forma de ser se iba adaptando y equilibrando para ajustarse al nuevo papel que yo mismo había asumido. Un ejemplo de ello es que dejé de sonreír en las fotos y empecé a adoptar una expresión mucho más seria, como si te estuviera perdonando la vida, pero, eso sí, con un puntito sexy, en plan «te miro y te insemino».

Otra cosa muy curiosa de este cambio fue cómo afectó a mi estilismo, algo que, ya os lo adelanto, no les hizo ni puta gracia a mis padres. Además de perfilarme las cejas mejor que cualquier niña de mi edad para acentuar esa mirada penetrante y altamente seductora que tengo, me obsesioné con el corte de pelo.

¡Sí, con el corte de pelo! No seas cabrón, que, aunque

no lo creas, alguna vez he tenido pelo, poco y débil, pero lo he tenido.

El caso es que, en aquella época, llevar una cresta mohicana era un signo de «macarrismo», y cuanto mayor fuera la diferencia entre la parte rasurada y la del pelo, más chungo parecías. Así que, siempre que podía, cogía mi maquinilla y me rapaba los laterales al cero.

Ahora que lo estoy rememorando, ¡qué tiempos aquellos, cuando tenía melenaza, eh! Hasta me dejé greñas. Aisssss (nótese mi melancolía).

En resumen, me convertí en un chungo de cojones. Aunque he de admitir que para lograrlo me aproveché de dos cosas: la primera, de mis amigos, que eran los verdaderos macarras. De este modo, cuando me juntaba con ellos, se me atribuía instantáneamente esa reputación. Y la segunda era que, como los malotes no suelen pasar de tercero de ESO, a partir de ese curso lo único que quedaban eran frikis y empollones. Así que, con poco que hiciera, me ganaba a pulso la fama de chungo.

No obstante, puestos a destacar algún mérito de mi faceta de «malotillo», tengo que decir que poca gente puede presumir de haberle meado la espalda al camello más peligroso de su barrio.

¡Ayyy! Os juro que solo de recordarlo me meo de la risa, nunca mejor dicho. Y es que, hostias, fue un pedazo de momentazo, mis amigos aún me lo recuerdan de vez en cuando.

Dejando eso a un lado y prosiguiendo con el tema... ¡Que nooo...! ¡¡¡Que no te voy a dejar así con la intriga!!! Venga, que te cuento cómo ocurrió esta maravillosa hazaña.

Era una noche de verano, de esas que tú no lo sabes

pero que acaban con una historia para contarles a tus nietos. Estábamos mis amigos y yo, junto con otro grupito que solía salir con nosotros, en un parque, bebiendo litronas y fumando porros. Bueno, eso ellos, porque en esto sí que me vais a dar la razón cuando digo que soy un poco raro, pues no me gusta ni la cerveza, ni el vino, ni el tabaco. Como buen poligonero de Fabrik que era, solo me gustaban los cubatas.

El caso es que aquel parque cerraba sus puertas a las doce de la noche, algo de lo que a mí nadie me había avisado. Así que cuando quise volver a casa, me dijeron que había que saltar la valla para salir de allí. Y claro, yo flipando, pensando que me tocaría pasar la noche en un columpio.

Por suerte, un chico majo y carismático se ofreció a ayudarme. «Súbete a mi espalda y te paso de un lado a otro de la valla», me dijo.

Y aquí viene lo divertido. No sé si lo he contado ya antes, pero le tengo un miedo a las alturas que flipas. Y claro, entre que el tío medía más de dos metros y la valla otros dos, hubo un momento en el que estaba prácticamente a cuatro metros del suelo. ¡Ni en mis peores pesadillas! Pero por suerte no nos caímos, y el chaval me dejó suavemente en el suelo.

Justo en ese momento, cuando ya nos estábamos despidiendo, uno de mis amigos se me mira las piernas y suelta:

—Tú, pichichi, que te has meado.

Y yo, con la cara más tiesa del mundo, le respondo:

—Calla y tira pa´lante ahora mismo, vámonos.

Porque, claro, no quería que el chaval se enterara de que le había meado toda la espalda, y menos estando yo presente. Además, para más inri, ¡era el camello más peligroso de todo Madrid! Y no sé cómo lo ves tú, pero si se llega a enterar creo que me habría enderezado las piernas a base de mamporrazos, seguro.

Y una vez satisfecha tu faceta chismosa, ahora sí, vamos a continuar con nuestra historia donde la habíamos dejado.

La creación de este último personaje, el de «tío chungo», sumado a los ya descritos roles de «inteligente» y «graciosillo», me permitió escalar hasta las primeras posiciones en el ranking de aceptación social de mi instituto, y ganar una influencia que se extendió también al barrio en general.

A partir de aquí, es cierto que ya no tuve que sufrir ningún episodio de discriminación hacia mi persona, más allá de tener que encajar alguna que otra bromita, que era contrarrestada rápidamente con algún tipo de correctivo, ya fuera en forma de broma pesada o incluso de amenaza, por parte de mis colegas.

De hecho, recuerdo una vez que un pobre chico cometió el error de reírse de mi discapacidad delante de alguien que me conocía. Mis colegas se enteraron, un día lo vieron de fiesta y decidieron esperarlo a la salida de la discoteca *light* del pueblo para dejarle bien claro que con el Pichichi no se metía nadie.

Parece ser que el chico no tenía muy clara que digamos cuál era la noción de peligro, porque en lugar de agachar la cabeza y e implorar perdón, se envalentonó, el muy imbécil. Eso hizo que la conversación se pusiera cada vez más tensa, aumentando las posibilidades de que comenzaran a rifarse hostias. No sé si al final se llegó a llevar algún sopapo, pero lo que sí me consta es que mientras yo andaba haciendo de las mías, ligoteando con alguna chiquilla, de repente vimos cómo más de treinta «macarras de pueblo» salían corriendo tras él a toda pastilla, dispuestos a descoyuntarlo.

¡Jamás había visto a alguien correr tan rápido! Ni las señoras en las rebajas de El Corte Inglés corren tanto. Por suerte para todos, el chico logró escapar, y al final todo quedó en un simple susto para él.

Como esta, podría contarte millones de historias más sobre cómo mis amigos sacaban los dientes por mí. Pero mi intención no es, ni mucho menos, echar balones fuera y desviar vuestra atención hacia las fechorías de otros, sino hacer autocrítica y contaros las mías.

Sin embargo, antes de hacer recuento de todos los «cadáveres» que dejé tras mi irregular andadura por el instituto, hay algo que no puedo dejar pasar por alto.

Todas esas conductas agresivas de mis amigos hacia los demás, con la intención de protegerme, se convirtieron para mí en auténticas muestras de amor y cariño, que cubrían la carencia afectiva que yo tenía en casa.

Mi mente, desesperada por sentirse querida, al ver la validación que estas conductas recibían de los demás, comenzó a procesar las burlas, amenazas, collejas y cualquier otra forma de vejación como algo positivo y natural. Y este proceso inconsciente me llevó a replicar dicho comportamiento con otros compañeros de mi clase, perpetuando así el ciclo de violencia en mi entorno.

Cuando confieso en público que yo hice *bullying*, la gente, además de considerarme un cabrón, da por sentado de forma automática que era totalmente consciente del daño que estaba causando. Esta suposición, además de ser incorrecta, nunca podría haberse cumplido. Porque para poder ver el daño y el sufrimiento que yo infligía a los demás, primero tendría que haber aceptado el dolor que me causaban sus bromas.

Y eso era algo que, por supuesto, mi intelecto no podía

permitir que sucediera, ya que hasta el más mínimo indicio de que esa idea pudiera rondarme por la cabeza habría echado por tierra, de manera automática e irreversible, todas las estrategias defensivas que había construido con tanto esmero y detalle para ser aceptado por los demás y mantener esa falsa imagen de empoderamiento y autoaceptación.

No fue hasta mucho tiempo después que me di cuenta de la cantidad de cabezas que había cortado durante mi adolescencia. Esta revelación llegó de una manera completamente inesperada y sorprendente a través de un comentario en Facebook, en una de las publicaciones que subía con Pegasus.

El comentario lo había subido una chica que fue conmigo al instituto, y, si he de serte sincero, lo único que recordaba de ella era que en el insti la llamábamos La Paella Rumana porque tenía la cara llena de granos y era de Rumanía. Ah, y también que los *leggins* le quedaban de puta madre y resaltaban su estupendo culazo, lo cual la hizo merecedora de un segundo mote: Cuerpogamba, porque decíamos que le quitabas la cabeza y te la comías.

El caso es que, al leer el contenido, algo se removió profundamente en mi interior. El mensaje decía lo siguiente:

«Me encanta lo que haces, ¡es superbonito!
Pero tengo que decirte algo, jamás pude entender
cómo una persona que vivía en sus propias carnes
lo duro que resultaba ser diferente en el instituto,
podía ser tan cruel con otras personas que vivíamos
lo mismo. Quiero que sepas que me hiciste
mucho daño».

Fuááá... Te juro que cuando leí aquello, se me erizó el vello de todo el cuerpo. Recuerdo ese momento como si fuera ayer, porque por primera vez en mi vida fui consciente del daño que les había hecho a otras personas, y de lo determinantes que habían sido mis «bromitas» para cada una de ellas. Lo que para mí fue una tontería de niños, para ellos fue un auténtico drama.

Y no solo eso, también me di cuenta de algo aún más siniestro y perturbador. Con cada mote, burla, o hasta con una simple mirada despectiva, lo que estaba haciendo era minar lo más valioso y determinante que una persona tiene en la vida: su AUTOESTIMA.

Repito, su autoestima, la percepción que una persona tiene de su propio valor personal, una capacidad que define cómo se enfrentará a la vida y, en última instancia, si saldrá adelante.

Entonces... ¿cuántas personas debo de haberme cargado por el camino? ¿A cuántas habré hecho sentir insignificantes, hasta el punto de no creer en sí mismas? ¿Cuántas habrán dejado de perseguir sus sueños por culpa del machaque diario al que tanto yo como mis amigos las sometimos? ¿A cuántas?...

Bufff... La verdad es que no lo sé..., pero te aseguro que después de leer aquel comentario, durante semanas no dejaron de desfilar por mi mente las caras de decenas de personas a las que, en mayor o menor medida, les había puesto una «zancadilla emocional» cuando íbamos al instituto.

Por ejemplo, recuerdo haberle puesto una de esas «zancadillas» a una chica de clase cuando se filtró la información de que le había enseñado las tetas a un compañero, y no se me ocurrió otra cosa que apodarla *TwoCams*,

insinuando que sus pechos eran tan grandes que no basta-
ba con una sola cámara para mostrarlos.

A otro pobre chico también le pusimos la «zancadilla» simplemente porque era tímido y de constitución en-
clenque, y lo convertimos en el blanco constante de nuestras burlas y collejas. Incluso fuimos tan crueles que le
cambiamos el nombre por otro que nos hacía gracia: An-
selmo.

Tampoco puedo olvidar el calvario que le hicimos pasar a mi propio primo, al que mis colegas y yo ridiculiza-
mos durante años, entre otras cosas por no cumplir con el
canon de belleza y considerarlo feúcho. Nos pasamos tanto
con él que terminó operándose las orejas, y como eso no
fue suficiente para frenar el acoso, acabó dejando de salir
a la calle y decidió encerrarse en casa durante años.

Reconocer todo el daño que causé a otras personas
fue, sin duda, el inicio de mi largo proceso de deconstrucción personal. Como ya mencioné anteriormente, siguiendo la analogía de Shrek, nuestro ogro favorito, los
ogros y las personas somos como cebollas, con capas que
esconden lo que realmente somos. Así pues, este proceso
de reconocimiento fue como quitar la piel seca de mi propia cebolla, permitiéndome, con el tiempo, ir desmante-
lando, capa por capa, todo ese conglomerado de personajes y mecanismos defensivos que hasta entonces habían
configurado mi personalidad.

Vamos, que me esperaba un largo y doloroso camino.
Sobre todo doloroso, ya que cada capa que me fuera quitando me acercaría peligrosamente al origen de todo mi
sufrimiento: ese niño herido y rechazado que todos llevamos oculto en lo más profundo de nuestro corazón.

He dicho «peligrosamente» porque el fiel escudero

que habita en nuestra mente y mantiene esas capas en su lugar es, sin duda, el miedo. Él es quien convierte el camino, que podría parecer recto y de una sola dirección, en algo más parecido al juego de la oca, donde en ocasiones, cuando toma el control, puedes encontrarte retrocediendo varias casillas, obligado a repetir el mismo tramo una y otra vez.

Este primer paso, el de quitar la pielecilla de la cebolla, no solo pondría en jaque a mi personaje del tipo duro, que corresponde a la capa más superficial, sino que marcaría un hito crucial para mí: la solicitud de baja en la jodida «carrera por la aceptación».

Aunque incluso hoy en día, cuando el miedo me vence de vez en cuando, aún me sorprendo a mí mismo echando alguna que otra carrerilla por esa pista, ya no es un estilo de vida como tal, y, afortunadamente para mí, se ha convertido en algo mucho más puntual.

Antes de dar paso al capítulo en el que te contaré cómo le asesté la estocada final a mi personaje del tipo duro, no puedo perder la oportunidad de hacerte ver algo importante. Y es que, si con todo lo que llevamos hablado, aún no te has dado cuenta de que tú también formas parte de este ciclo de violencia, puedo demostrarte que, aunque no lo creas, tú también has hecho, y, ojo, sigues haciendo *BULLYING*.

Un cabrón, ¿nace o se hace?

Aunque a estas alturas algunos de vosotros ya podáis haberme etiquetado como una mala persona y un auténtico cabronazo, lo cual me parece totalmente comprensible después de todo lo que os he contado, me gustaría plantearos la siguiente pregunta:

¿Creéis que la gente nace mala por naturaleza, o que se vuelve mala con el tiempo?

Sin ánimo de entrar en un debate imposible, pues me consta que esta cuestión podría suscitarlo, y teniendo en cuenta mi historia, siempre he creído que las personas no nacemos malas de fábrica, sino que dependiendo del contexto en el que nacemos, de las experiencias que vivimos y, sobre todo, del nivel de inteligencia emocional que poseemos, podemos transformar esas vivencias en conductas positivas o negativas. Esto, traducido a un idioma dual, quiere decir que según cómo procesemos y respondamos a lo que nos sucede, haremos el mal o haremos el bien.

Por eso, y aunque nuestras cabezas tengan la necesidad de etiquetarlo todo desde el bien y el mal, para mí es superimportante diferenciar entre el ser y el hacer. Es decir, yo como persona puedo actuar mal, lo cual evidentemente tendrá sus consecuencias, pero eso no significa que sea malo en esencia.

Esta distinción es clave para poder trabajar el *bullying* o cualquier otra situación problemática entre dos o más personas, tomando como referencia un punto en el que las partes no se sientan estigmatizadas, y que no genere una distancia social tan grande entre unas y otras imposible de superar.

Para que podamos comprender esto mejor, y que al final todo ello no se quede en una mera jerga filosófica vacía de contenido, quiero compartir una de las situaciones que más me marcó durante una conferencia, y que posiblemente sea la razón por la que he sido capaz de repetirla más de quinientas veces sin morir en el intento.

Como ya sabéis, soy extremadamente curioso y durante las dos horas de conferencia hago muchísimas preguntas al público, que van desde cuestiones de alta complejidad como «¿qué parte del cuerpo humano es más grande que la otra?» hasta otras más sencillas como «¿qué es la inclusión?». Pero, sin duda, la pregunta que más me gusta hacer es la que surge cuando hablamos del AMOR:

«¿A quién quieres tú?».

Las respuestas suelen ser muy similares: quiero a mis padres, a mi pareja, a mi amigo Juan Francisco, y, por supuesto, al gato o al perro. Pero cuando terminamos de repartir amor a todo lo habido y por haber y siento que se han dejado a alguien por amar, les lanzo otra pregunta con la que se suelen quedar bastante atónitos:

«Oye, ya veo que tenéis amor para dar y regalar,
pero me parece muy curioso que nadie haya dicho
que se ama a sí mismo...
¿No os amáis a vosotros mismos o qué?».

En ese momento el público se incomoda bastante y traga saliva, porque toma conciencia del poco espacio e importancia que solemos darnos a nosotros mismos. Esa incomodidad se traslada hacia mi persona cuando, al pedir que levanten la mano todos aquellos que no se quieren, veo que más de la mitad de la sala levanta el brazo. Os prometo que es un espectáculo tan impactante como digno de ver, porque es un fiel reflejo de lo poco que nos amamos como sociedad.

Ver esto en adultos es ciertamente conmovedor, pero cuando lo presencias en institutos y te encuentras con decenas de jóvenes de apenas quince o dieciséis años levantando la mano, te juro que se te desgarra el alma. Porque al ver sus caras, eres consciente del dolor y el sufrimiento por el que tienen que estar pasando y, lo que es peor, tal como hemos podido comprobar a través de mi historia, de que ese dolor mal gestionado te puede inducir a adoptar conductas muy negativas, tanto contigo mismo como con los demás.

Fue precisamente en un instituto donde ocurrió la historia que os voy a contar. En cuanto los alumnos que no se querían a sí mismos levantaron las manos, señalé a uno de ellos, el que a todas luces parecía el más «malote», le pregunté por qué no se amaba, y él me respondió de una manera muy contundente:

«Porque soy mala persona y no me merezco amor».

Bufff... te juro que todavía se me pone la piel de gallina al recordarlo. Pero la cosa no quedó ahí, porque entonces le pregunté:

«Oye, ¿y quién te ha dicho
que eres una mala persona?».

A lo que él me respondió:

«Mis profesores y mis padres».

¡Fuááá! No sabía ni dónde meterme. En cuanto el chico terminó de hablar, se hizo un silencio tan abrumador en la sala que solo fue superado por la ostensible incomodidad de os profesores cuando todas las miradas se dirigieron automáticamente hacia ellos. Sus caras lo decían todo, eran un poema.

Creo que todos los adultos que estábamos en el auditorio fuimos plenamente conscientes del impacto tan negativo que iban a tener esas ideas preconcebidas en la vida del chico. Él, por su parte, ya se había identificado plenamente con el personaje del «chico malo». Y a menos que algo o alguien lo ayudara a salir del papel asignado, se pasaría el resto de su vida actuando de acuerdo con el rol que la sociedad, es decir, nosotros, le habíamos impuesto.

Otro ejemplo claro, aunque alejado del tema del *bullying*, que demuestra lo peligroso que es no distinguir entre el ser y el hacer, lo suelo encontrar cuando visito centros de FP. Siempre les pregunté a los alumnos qué es la inclusión o la igualdad, ya menudo ellos me responden:

«David, tío, no nos preguntes esas cosas, que estamos en FP, y como nos dijeron en el *tuto*, somos tontos».

¡Hostia puta! Creo que estos dos ejemplos bastan para que entendamos el impacto tan negativo que generan en nosotros las etiquetas, especialmente cuando nos identificamos con ellas y las adoptamos como parte de nuestra identidad.

Porque, ¿qué habría pasado si, de joven, cuando los profesores me regañaban por reírme de los demás —con razón, que quede claro— hubiera creído que era una mala persona y que por eso no merecía amor? ¿Habría fundado Pegasus años más tarde, o habría terminado delinquiendo y odiando a la sociedad?

Creo que no hace falta contestar, ¿no? ¿A cuántos chavales nos habremos cargado por el camino poniéndoles la etiqueta de malas personas? Seguramente a miles.

No obstante, puede que pienses que se lo han buscado, y que quienes hacen el mal se merecen el mal. Pero, cuidado, este enfoque castigador y de notable superioridad moral, que todos en algún momento hemos adoptado y que se ha podido apreciar perfectamente en la historia de mi peor-mejor amigo, te puede llevar a la ilusoria creencia de que tú, como sabedor absoluto de la verdad y como portador de la justicia, eres un ser de luz, exento y alejado de la oscuridad humana. Sin embargo, siento decirte que nadie está exento de tal oscuridad, y que, aunque creas que en el tema del *bullying* solo has sido un mero espectador, o incluso una víctima, debes saber que, tal como podrás comprobar a continuación y aunque te cueste aceptarlo, también has sido y eres parte activa.

Porque... ¿acaso hay alguien en este mundo que pueda decir que nunca ha hecho *bullying*?

¡Piénsalo!

TODOS hacemos *bullying*

Aceptar nuestras sombras es posiblemente una de las fases psicológicas más complejas y determinantes a las que todo ser humano debe enfrentarse en su proceso de deconstrucción personal. Esta dificultad radica en que, al identificar y reconocer en nosotros conductas socialmente estigmatizadas y rechazadas, nos arriesgamos a anular e invalidar a uno de los personajes psicológicos más arraigados en nuestra identidad.

Este personaje no es otro que el de «la buena persona».

Y, por muy mal carácter que puedas llegar a tener, o por poco que te guste la compañía humana, no hay nadie en el mundo a quien le guste que lo consideren una mala persona. Precisamente por eso, una de las preguntas que más incomodidad genera entre la audiencia es sin duda esta:

«¿Hay alguien aquí que se atreva a admitir
que alguna vez ha hecho *bullying*?».

La respuesta o la mera reflexión sobre este tema provoca en quien se la plantea una molesta y perturbadora sensación. De hecho, si no lo has hecho ya, te invito a que lo experimentes por ti mismo. Si lo haces, podrás comprobar que el origen de esta sensación tan desagradable se encuentra en que, de manera totalmente premeditada, he activado previamente vuestros prejuicios hacia mí al revelar mi participación activa en el acoso escolar.

Al redirigir el foco de atención hacia vosotros mismos, es muy probable que hayáis podido hallar ciertas similitudes en alguna de las historias o conductas que he compartido anteriormente. Y es aquí donde esos reproches y críticas que habéis podido dedicarme de forma automática, de repente, se vuelven contra vosotros mismos, y empezáis a ser conscientes de que esa oscuridad de la que os he hablado, en mayor o menor medida también reside en cada uno de vosotros.

Sin embargo, siempre hay algún valiente que se atreve a afirmar que él jamás ha hecho *bullying*, y que, si alguna vez lo hizo, es algo que se quedó en su infancia. Cuando esto ocurre, confieso que me froto las manos y me pongo bastante cachondo, ya que el momento que siempre precede a este me encanta de cojones.

No sé si tu entrarás dentro de este peculiar y ético grupo de personas, pero en caso de que así sea, te haría la siguiente pregunta:

«¿Qué opinas de los políticos?».

Cuando lanzo esta pregunta, no puedo evitar que se me escape una sonrisita a modo de victoria moral, porque no necesito ver la cara de póker que probablemente se te ha quedado para saber que te acabo de pillar con el carrito de los helados. Esto demuestra que, lejos de ser seres de luz como nos gusta pensar que somos, también formamos parte, como todos, de este problema social al que llamamos el ciclo de violencia.

No obstante, y ya con la partida moral ganada, quiero traer a la palestra la respuesta que me suelen dar a esta pregunta, porque me gustaría que la analizásemos juntos:

«A ver, David..., insultar o cagarse en los muertos de un político no es hacer *bullying*. Además, no cuenta, porque ellos se lo buscan, y encima les pagamos».

Antes de desmenuzar desde una perspectiva psicológica el significado de esta frase, me encantaría saber qué opináis de ella, y si notáis alguna incoherencia. Sin embargo, como eso no es posible hasta que Mark Zuckerberg o algún otro iluminado de esos digitalice y revolucione el sector del libro, os tendréis que conformar con lo que yo os cuente.

Más allá de observar cómo deshumanizamos a ciertos sectores de la sociedad simplemente por ser políticos o famosos, y de cómo los convertimos en sacos de boxeo donde descargar toda nuestra rabia y frustración, es muy interesante ver cómo nuestras mentes, cuando nuestros valores y principios se ven amenazados, buscan automáticamente cualquier justificación posible para mantener intacta la idea preconcebida que tenemos de nosotros mismos.

Te cuento esto porque debemos tener muchísimo cuidado, ya que, sin darnos cuenta, nuestra cabeza puede llegar a normalizar conductas que, si las observáramos fuera del contexto que les hemos asignado, no nos parecerían del todo correctas. Justificar la infidelidad porque la otra persona también lo ha sido, o castigar a alguien con dureza porque él nos hizo daño primero serían buenos ejemplos de lo que lo que digo.

En resumen: ¡TODOS HACEMOS *BULLYING*! O, mejor dicho, todos le hemos hecho daño a alguien en algún momento.

¿Por qué te lo digo con tanta convicción?

Porque sin darnos cuenta, nos pasamos la vida juzgando y etiquetando a los demás. Alguien pasa a nuestro lado y, casi sin pensarlo, ya estamos diciendo:

«Huy, menudas pintas lleva ese...».
«Bufff, qué cara de amargada, esa necesita un buen...».
«Hay que ver cómo contesta, es un repelente...».
«Con esa ropa, seguro que es de las que buscan llamar la atención».
«¿Viste cómo se ríe? Seguro que es un pedazo de falso...».

Nos convertimos en auténticas máquinas expendedoras de juicios, lanzando etiquetas a la gente como si fueran verdades absolutas.

Y te aseguro que estas etiquetas no son como las que les pone Amancio Ortega a sus modelitos, que las quitas y a la basura. No, no, no. Estas, si tienes la mala suerte de que te las encasqueten, pueden quedarse contigo para toda la vida.

Creo que, tal como ya hemos comprobado a lo largo del libro, la etiqueta de «discapacitado» que a mí me tocó es una auténtica mierda, porque te hace sentir que, por el simple hecho de tener una discapacidad, vales menos en esta sociedad. ¿Y qué me dices de otras etiquetas como la de «mala persona» o la de «mal estudiante»?

Al final, si me apuras, incluso las etiquetas que consideramos positivas, en cuanto nos identificamos con ellas, dejan de serlo.

Es decir, ¿cuántas veces te has visto atrapado en situaciones que podrías haber evitado simplemente diciendo NO? Pero, claro, para seguir siendo esa persona «amable» y «amiga de sus amigos», nos resulta imposible negarnos a satisfacer las necesidades de otros. Y así, la etiqueta positiva de «buena persona» también nos termina lastrando.

Y lo peor de todo es que estas etiquetas no se quedan ahí. Van moldeando el modo en que tratamos a los demás, cómo nos relacionamos con ellos y, finalmente, cómo nos vemos a nosotros mismos. Sin darnos cuenta, nos encadenamos a un agresivo y peligroso ciclo de prejuicio y negatividad, incapaces de ver a las personas como son realmente, y, lo más importante, proyectando nuestras propias inseguridades y miedos en ellas.

No sé si con este capítulo he logrado cambiar la perspectiva que tenías del *bullying*, pero al menos espero haberla ampliado y haberle dado una mayor profundidad. Sin embargo, lo que sí me gustaría haber conseguido es que te hayas adentrado conmigo en este viaje por el mundo de las sombras, que comiences a darles el espacio que merecen en tu vida y que las trates con la compasión y el cuidado que merecen.

También te digo que, si no he logrado mi objetivo en este capítulo, estoy seguro de que lo haré en los siguientes, porque si esto te ha parecido oscuro, lo que viene a continuación no se queda atrás. A modo de adelanto te dejo dos titulares para que vayas preparando el cuerpo:

- Monté Pegasus para crear un espacio donde sentirme aceptado y querido.
- Mi primera novia fue un trofeo.

9

Mi pene, mi verdadera discapacidad

No os imagináis la ilusión que me hace haber llegado por fin a este singular capítulo. Este furor desenfrenado que siento ahora mismo, no sé si se debe a que es el único capítulo en el que mi discapacidad queda completamente relegada a un segundo, o incluso a un tercer plano. O tal vez sea porque, como buen heterobásico que soy, este gira en torno a la parte del cuerpo que más risa me da: el nabo. Bueno, más concretamente, el mío, que el de los demás me importa más bien poco.

Sea cual sea la razón, nótese que estoy muy, pero que muy contento. Y para empezar este capítulo como bien se merece y para ir «abriendo boca», voy a compartir con vosotros, amigos lectores, el hito más significativo que este peculiar y retráctil protagonista ha tenido en su alargada vida. Ese increíble momento es... sin duda alguna... ¡mi primera paja!

¡Esto sí que no lo veíais venir, ¿eh?! Supongo que ahora estaréis flipando, y pensaréis: «¿En serio me va a contar cómo fue su primera sacudida de churro?». Pues SÍ. Porque, aunque no os lo creáis, al igual que ocurre con cada uno de los relatos que he compartido con vosotros hasta ahora, esta historia también tiene un «emocional» porqué.

Lo que ocurre es que, como era de esperar, dicho aprendizaje aún no te lo voy a desvelar, por supuesto. Y dependiendo de lo pudoroso que seas, vas a pasar unos minutos más o menos incómodos hasta que le demos un sentido filosófico al hecho de que os cuente mi primer zurramiento de sardina.

Así que, vamos a remangarnos, nunca mejor dicho, y a ponernos manos a la obra.

Mi primera paja

Tendría unos doce años, y aunque no recuerdo la fecha exacta de cuándo sucedió este gran momento vital, sí tengo claro que fue en uno de esos días que es festivo para los profesores, pero no para el resto de los mortales. Como mis padres trabajaban esos días, no tenían más remedio que llevarme a las actividades complementarias que organizaba el ayuntamiento para que aquellos progenitores que no podían quedarse con sus hijos tuvieran un lugar donde encasquetarlos.

Esas jornadas solían ser un verdadero cajón de sastre en el que se mezclaban niños y niñas de todas las edades. Normalmente, como no había suficientes niños para formar grupos por edad, como ocurre en el colegio, nos solían agrupar por equipos con diferencias de edad de entre dos y tres años. Esta diferencia, sumada a los rápidos y significativos cambios que experimentamos en esas etapas infantiles, a menudo resultaba bastante notable.

Por ejemplo, en mi grupo había chicos que ya rondaban los catorce años. Por lo que, mientras mi única ilusión era conseguir el cromo de Cristiano Ronaldo y completar mi álbum, estos chavales estaban más preocupados por «empiquetarse» lo mejor posible para llamar la atención de las chicas que les gustaban.

Estos intereses tan particularmente distintos, a veces llevaban a conversaciones donde los más jóvenes nos convertíamos en alumnos de los mayores, y evidentemente uno de los temas más recurrentes era el de las pajas.

Y ahí estaba yo, escuchando a Marquitos, el chico más mayor y sobrehormonado del grupo, explicándonos con gran entusiasmo lo maravilloso que era «hacerse una paja». En ese momento sus palabras me sonaban tan incomprensibles como cuando la profesora de inglés, consciente de que no entendería ni una palabra, me lanzaba una pregunta en su inglés perfecto.

Sin embargo, viendo que estaba tan ilusionado, y como no paraba de animarnos para que lo probáramos, en cuanto salí de las actividades y volví a casa, lo primero que hice fue dirigirme a mi cuarto, desenfundarme los pantalones y tumbarme en la cama.

Antes de continuar, quiero aclarar que en aquella época no teníamos un acceso tan fácil a la sexualidad como el que existe hoy en día. El máximo nivel de porno al que podíamos acceder eran las fotos de chicas desnudas que aparecían en revistas como *Maxi Tuning*, *Penthouse* o la contraportada del *As*. Y, por supuesto, no teníamos acceso a internet ni a vídeos explícitos que mostraran cómo se realizaba realmente el acto sexual o cómo se masturba uno. Así que, en ese momento, mis únicos recursos eran mi imaginación y las sabias palabras de Marquitos.

Por cierto, tengo que confesar un pequeño delito ante vosotros: creo que le robé cientos de periódicos a mi padre para pelármela como un mono con las fotos de la contraportada del *As*. ¡Perdona, papá!

Volviendo a donde lo habíamos dejado, allí me hallaba yo, mirando al techo, con el pito al aire y sin saber ni cómo cogerlo. Eso se debía a que el cabrón de Marquitos no nos había dado ningún manual de instrucciones, más allá de mostrarnos el característico movimiento pendular del brazo, así que lo único que se me ocurrió fue frotarme el pene con la palma de la mano.

Esta peculiar técnica de sacudirse la nutria, aunque a la larga me causó alguna que otra rozadura, cumplía bastante bien con su cometido en aquel momento.

Después de un rato, empecé a notar una especie de cosquilleo bastante agradable en la punta del cimbrel, así que decidí concentrarme más en esa zona. Para mi sorpresa, aquello comenzó a cobrar unas dimensiones bastante impresionantes.

Años más tarde, descubriría que formaba parte de ese selecto y afortunado grupo llamado «Team Sangre». Y por si eres un poco *boomer* y no has pillado la referencia, te explico: es la forma en que los jóvenes de ahora se refieren a los chicos que, cuando se excitan, ven cómo su pene crece hasta alcanzar el nivel de Super Saiyan 3.

Cuando parecía que mi «instrumento» estaba a punto de estallar, esa sensación placentera comenzó a intensificarse de forma exponencial y a expandirse por todo mi cuerpo, alcanzando niveles muy locos.

Jamás había sentido algo igual, la experiencia era tan intensa que me empezaron a temblar las piernas, mientras mi pulso y respiración se descontrolaban por completo.

La verdad es que el hecho de que mis piernas se movieran solas me asustó un poco, pero el gustirrinín que estaba experimentando era tan grande que hizo que lo olvidara rápidamente.

De repente, aquel frenesí de sensaciones alcanzó su punto máximo, y todo explotó en una oleada de placer indescriptible.

Para los curiosos, debo aclarar que esta «explosión» fue puramente figurativa; no salió nada de ahí debido a lo joven que era en ese momento. Y, aunque he intentado darle un sentido filosófico a contaros lo de la primera vez que mi pene jugó a ser un pokémon e hizo «pistola agua», tengo que admitir que no lo he logrado, así que te quedarás con las ganas.

Al terminar, no entendía muy bien qué acababa de suceder, pero estaba tan a gusto y mi cuerpo se relajó tanto que me quedé dormido con la mano en los genitales. Menos mal que mis padres no estaban en casa, porque la escena habría sido, cuando menos, curiosa.

No hace falta ni que lo diga, pero esta experiencia marcaría un antes y un después en mi vida. Y no lo digo porque descubrí uno de los placeres más satisfactorios que existen, sino porque mi cerebro se dio cuenta de algo mucho más importante y significativo.

Durante los minutos que duró ese increíble momento, mi mente quedó completamente en blanco, sin espacio para las preocupaciones o pensamientos intrusivos que me solían atormentar a lo largo del día. Era como si, en ese lapso, solo existiéramos mi pene y yo, y ya se podía estar cayendo el mundo entero, que no iba a mover ni un solo dedo para impedirlo.

Desde el punto de vista psicológico, descubrir «la

paja» fue como encontrar una nueva vía de escape al sufrimiento. A diferencia del deporte de alto rendimiento, que silenciaba mi mente a través del dolor físico y la fatiga del cuerpo, este mecanismo lo hacía a través del placer.

Es muy curioso observar cómo dos polos opuestos, como son el dolor y el placer, pueden llevar a nuestra mente al mismo resultado: un momento de paz. Esto ocurre porque, al enfrentarnos a estímulos tan intensos, la mente se ve incapaz de procesar cualquier otra información, y entonces genera un respiro temporal del malestar emocional que suele acompañarnos.

Este reconocimiento por parte de nuestro cerebro da inicio a lo que muchos psicólogos llaman «la rueda del placer», aunque, siendo algo más creativo y siguiendo con la metáfora de las carreras, que sabéis que me gustan, podríamos llamarla «la carrera sin fin».

Antes de explicar cómo funciona esta rueda del placer, necesito que rescatemos la historia que os conté al principio sobre mi primer recuerdo. No sé si la tenéis presente, pero trataba sobre la experiencia de paz y tranquilidad más profunda que había sentido en mi vida. Esa experiencia, como ya mencioné, ocurrió en mi infancia, y pasé años buscando cómo volver a ella, ya que para mí representaba lo opuesto a esos incómodos sentimientos de sufrimiento y de ansiedad.

Os cuento esto porque tanto el sexo como el deporte, e incluso las drogas, se convirtieron para mí en atajos mentales que lo único que buscaban era reconectar con aquella increíble sensación de paz. Evidentemente, al tratarse de resultados puntuales, más que generarme cambios profundos, funcionaban como meros parches.

Ahora sí, voy a explicarte, a mi manera, por supuesto, cómo funciona «la rueda del deseo», y cómo me jodió —y me sigue jodiendo— la vida. Y ya que a todos nos reconforta un poco saber que no estamos solos en nuestras mierdas, déjame decirte que a ti también te afecta, aunque no lo creas. Si dudas de mis palabras, no te preocupes, porque estás a punto de comprobarlo por ti mismo.

Como pudimos ver en el capítulo sobre el *bullying*, nuestras mentes se pasan el día entero etiquetando todo lo que nos rodea. Eso no lo hacen por capricho, sino que es una estrategia de supervivencia. Como seres humanos que somos, necesitamos organizar el mundo en esquemas mentales para relacionarnos con él de manera más eficaz y, sobre todo, más segura.

Por eso, nuestra mente tiende a clasificar las experiencias en tres categorías: lo bueno o agradable, lo malo o desagradable, y, en contraposición a las dos primeras, lo neutro, es decir, aquello que nos resulta indiferente, ni fu ni fa.

Evidentemente, las cosas buenas son las que queremos en nuestras vidas, así que las buscamos con gran determinación, mientras que las cosas negativas las evitamos, y las rechazamos con fervor.

Entonces, ¿cómo funciona esta rueda del deseo?

Muy sencillo. Piensa en algo que desees muuuchííísimo, como por ejemplo un coche de alta gama, más concretamente un Seat León. Sí, ya sé que estarás pensando que un León no es precisamente un coche de alta gama, pero, oye, cada uno etiqueta las cosas como quiere, ¿vale? Y para un buen poligonero como yo, ese coche es una auténtica fantasía.

Pero, independientemente del coche que elijas, o incluso si en lugar de un coche piensas en esa taza de edición limitada de Pepco que ves expuesta en la tienda y deseas con todas tus fuerzas, te va a ocurrir exactamente lo mismo.

Tanto si somos de coches como de tazas, cuando finalmente conseguimos lo que queremos, ¿qué ocurre? Pues que lo que tanto anhelábamos pasa a ser etiquetado como algo neutro, y pronto volvemos a desear otra cosa, semanas o meses después, con el objetivo de cubrir esa necesidad de satisfacción puntual que todos tenemos.

Como puedes ver, esto es una cárcel de la hostia que puede aplicarse a millones de aspectos de nuestra vida, incluidas a las personas. Si cambias el coche o la taza por ese chico o chica que te atrae, la rueda sigue funcionando exactamente igual. De hecho, de eso se aprovechan hoy en día todas las aplicaciones de citas. Así, elegir pareja se ha vuelto tan adictivo como comprar zapatos online: todo se hace por internet, simplemente deslizando el dedo.

Y como tío que soy, te digo y te aseguro que cansa un montón, terminas con una tendinitis en el dedo de tanto deslizar a la derecha. Incluso te diría que es más fácil hacer que tu pareja tenga un *squirt* que terminar de darles un *like* a todas las chicas en Tinder o Bumble. ¡Es interminable!

Después de este fascinante recorrido por los inicios de mi sexualidad, te adelanto que lo que viene a continuación probablemente sea mucho más húmedo y picante que mi primera paja. Hasta puede que te recuerde a un capítulo sacado de *Cincuenta sombras de Grey*. Pero, más allá de estar cargado de sexo, este capítulo también explorará cómo empecé a interpretar el amor y el acto sexual como una herramienta más en mi carrera hacia la aceptación social.

«David, eres muy guapo, pero eres cojo»

Siempre he oído decir que cuando eres pequeño ves el mundo con una mirada mucho más pura y transparente, libre de todos esos prejuicios y miedos que vamos adquiriendo al convertirnos en adultos. En teoría, esto nos permite ver y percibir las cosas tal y como son, sin las distorsiones que nuestro cerebro va añadiendo con el tiempo, como ocurre con los *topping* que le pones a un McFlurry para cambiar su sabor original.

Digo «en teoría» porque, aunque es cierto que de niños somos mucho más inocentes y auténticos, no estoy tan seguro de que veamos la realidad tal y como es, o al menos no en todas sus facetas. Querámoslo o no, nuestra visión de la vida está tan condicionada por el contexto en el que crecemos —la cultura, la educación, las normas sociales— que ¿quién me dice a mí que mi forma de ver las cosas es la correcta o la única existente?

Por ejemplo, si le preguntáramos a una persona homosexual y a un cristiano acérrimo qué es el amor o cómo debería ser una familia, estoy seguro de que las respuestas que obtendríamos serían completamente opuestas, hasta el punto de anularse entre sí. Y ya no digamos si le preguntásemos lo mismo a una de esas personas modernas que practican el poliamor y comparten a su pareja como si fuera el wifi del Starbucks, donde todos se conectan y chupan de su energía, pero ninguno paga la factura.

Vamos, que cada cual ve las cosas como le da la gana, y cuando nuestras mentes entran en juego, la realidad absoluta se convierte en una verdadera utopía. Sin embargo, y considerando las particularidades de cada uno de nosotros, hay algo que sí se puede llegar a considerar un absoluto.

¿Sabes qué es?

Venga, te voy a dar una pista: tiene que ver con la historia de mi primera paja.

¿Nada? ¿Ni una mísera idea?

¡Pues resuelvo el rosco! Lo más absoluto que hay en la vida son... LAS PRIMERAS VECES.

El primer beso, la primera vez que fuiste a la playa, la primera vez que probaste una mandarina, la primera caída, tu primer amor y, por supuesto, tu primera paja.

¿Qué hay más auténtico e increíble que la sensación de esas primeras veces? Porque, más allá de que valorásemos la experiencia como positiva o negativa y eso nos hiciera decidir si queríamos repetirla o rechazarla, la percepción de esa sensación fue completamente real.

Al no tener una referencia previa de esa experiencia, la mente no puede compararla con nada, así que, por fuerza, tiene que vivirla tal y como es. Por eso se dice que el único momento de la vida en que percibimos las sensaciones de forma auténtica, sin filtros ni adornos mentales, es durante la infancia, esas primeras veces.

¿Cuánto de cierto hay en todo esto? Pues depende de a qué primeras veces nos refiramos. No es lo mismo experimentar por primera vez la textura y calidez de la piel de nuestra madre al apoyar nuestra cabecita en su pecho, o el sonido reconfortante de su voz cuando somos bebés, que vivir por primera vez una experiencia cuando ya somos más mayores. En estos casos, aunque no hayamos experimentado personalmente la experiencia, nuestras mentes ya están condicionadas por lo que hemos visto, oído, o aprendido de los demás.

Y esto precisamente es lo que pasa con el primer beso, la primera vez que practicas el acto sexual, o con el amor en general, que, junto con mi pene, será el coprotagonista de este capítulo.

Estoy seguro de que, de todo lo que hemos hablado en este libro, el amor es sin duda el concepto más complejo y difícil de explicar. Eso se debe a que, aunque ahora para mí el amor es algo bastante absoluto y universal, para el resto de los mortales sigue siendo un constructo social, es decir, una idea creada y moldeada por las normas y expectativas de la sociedad. Esto significa que, dependiendo de a quién le preguntes y de las experiencias que haya vivido, cada persona te dará una definición distinta.

Es más, si me hubieras preguntado de pequeño qué era para mí el amor, te habría dicho que era lo más increíble que podías compartir con alguien «del sexo contrario», que era exclusivo de las relaciones de pareja, que estaba ligado en gran medida a la sexualidad y que, por supuesto, era para siempre. Evidentemente no tiene nada que ver con lo que creo ahora.

Por cierto, una cosa supercuriosa de aquel David preadolescente y romanticón, es que, ingenuo de mí, pensaba que solo tendría relaciones sexuales por amor. Un ideal que, como veréis más adelante, el David adulto decidió pasarse literalmente por la piedra. Aunque es verdad que hoy en día siguen quedando vestigios de esa conexión que establecí de pequeño entre el amor y el sexo, y es que, cuando siento que hay amor, no me digas por qué, se me pone el pito tan duro como el tronco de una lechuga.

Curiosidades aparte, me gustaría aclarar que esa idea tan idílica del amor proviene de que desde pequeños nos lo venden como algo mágico y trascendental, digno de una de esas películas pastelosas de Hollywood, donde el protagonista conoce al amor de su vida en un encuentro semiaccidental al chocar con el carrito de la compra en un supermercado, como si ambos estuvieran predestinados a que sucediera. Pero la realidad es bastante distinta.

El peligro no solo radica en que te inculquen una idea totalmente edulcorada de la realidad, sino en que esta romantización e idealización del amor va unida a la noción de que encontrar pareja es una necesidad vital, dando por hecho que, como tengas la mala suerte de no encontrar a tu media naranja, tu vida será incompleta y estarás predestinado a ser la típica persona conocida popularmente como «la loca de los gatos».

Posiblemente esta creencia, junto con la idea de que para ser aceptado tienes que cumplir con los diferentes cánones que te marca la sociedad, ha sido una de las que más ha condicionado mi vida, ya que, dentro del conjunto de exigencias que debía cumplir para escalar puestos en la carrera por la aceptación, había que añadir la necesidad imperiosa de encontrar pareja.

Y he de reconocer que en mi etapa adolescente se me daba bastante mal cumplir con esta exigencia, puesto que debía hacer frente a un pequeño gran hándicap que me dificultó en gran medida la consecución de dicho objetivo.

Ese obstaculito de nada era, cómo no, mi discapacidad. Y aunque a mi ego le encante escuchar que soy un gran ligón y que me las llevo a todas de calle, también debo decir que a lo largo de mi vida he recolectado bastantes calabazas en forma de rechazo.

Y es igualmente cierto que no hay ser vivo en la faz de la tierra que no haya experimentado algún que otro desencuentro amoroso en su vida. Sin embargo, cuando esos desencuentros ocurren porque la persona que te gusta rechaza una parte de ti que no elegiste y que, por supuesto, no puedes cambiar, como una discapacidad, el dolor y la incomprensión se multiplican por mil.

Una vez más, sientes que toda tu valía personal queda reducida a ese concepto de mierda que se tiene de la discapacidad.

Es cierto que el modo en que la sociedad y nuestro entorno enjuician las cosas influye decisivamente en cómo las percibimos. Pero lo que realmente marca nuestra concepción de las cosas son las primeras veces. Por eso no puedo hablar de desengaños amorosos, ni compartir la historia de cuando tuve una pareja que era «mi novia» y cada vez la de más gente, sin antes contaros mi primer gran amor-desamor.

Tendría dieciséis años, y por aquel entonces, para mis amigos y para mí, el tema de las chicas seguía siendo bastante secundario y nuestra única prioridad era pasarlo bien y hacer el capullo. Es importante que recordéis que, en mi afán por ser el «chungo» de clase, me junté con unos colegas cuyo comportamiento estaba más relacionado con la pseudodelincuencia que con cualquier cosa productiva. Así, sus mejores planes solían ir desde tirar huevos al camión de la basura de turno hasta fabricar bombas caseras con agua oxigenada y papel de aluminio. ¡Es decir, unos cracs!

Aunque es verdad que el contacto que manteníamos con las chicas no iba más allá de vacilarles y tontear un poco con ellas, teníamos algún que otro amigo que ya comenzaba a adentrarse en el fascinante mundo de los ligues y los noviazgos. Curiosamente, fue a través de uno de mis colegas ligones como conocí a mi primer amor. Ahora que lo pienso, y teniendo en cuenta que esta chica estaba locamente enamorada de mi amigo, no sé cómo no me percaté de que eso, muy bien, no podía acabar.

Es verdad que a mi colega no le gustaba nada y terminó dándole boleto. Eso, sumado a que lo de la responsabilidad emocional en aquella época no estaba muy de moda que digamos, y a que mi amigo era más bruto que un *arao*, hizo que la pobre lo pasara bastante mal.

Dado que conocía de primera mano el sufrimiento emocional que provoca ser rechazado, y que siempre he sido más empático que mis congéneres masculinos, conectamos muy bien y terminamos haciéndonos muy buenos amigos.

Al principio, la chica no despertó en mí ningún interés más allá de la amistad. Sin embargo, no sé si fue por las interminables horas que pasábamos hablando por Messenger, o por la influencia que tuvo una de las frases que más escuchaba de mi tía cuando hablaba de noviazgos —«el amigo siempre toca el higo»—, pero lo cierto es que, casi sin darme cuenta, terminé enamorándome de ella hasta las trancas, como buen quinceañero que era.

Tristemente para mí, la frase de mi tía no tuvo ninguna validez en ese momento, y aunque mis sentimientos habían evolucionado de la amistad hacia algo más romántico, los suyos seguían manteniéndome firmemente en la *friend zone*. Así que, cuando decidí confesarle mi enamoramiento a través de unos cuantos zumbidos, mil emoticonos de corazones de colores y alguna que otra berenjena inesperada, ella rechazó mi propuesta y me mandó «*al carrer*».

Es cierto que hasta este punto podría parecer el típico desamor adolescente que todos vivimos. Sin embargo, como ya sucedió con otras experiencias que os he contado, una cosa es lo que realmente ocurre, y otra muy distinta cómo lo interpreta mi mente. Que otra cosa no, pero creativa, lo es un rato.

¿Y qué hizo mi amiga intelectual? Pues conectó este rechazo amoroso con todos los anteriores, los cuales habían estado claramente influenciados por mi discapacidad, y a través de esta conexión extrajo una conclusión que, aunque creo que nunca fue verbalizada directamente por la susodicha, yo entendí de la siguiente manera:

«David, eres muy guapo, pero eres cojo.
¿Qué pensarán los demás si salgo contigo?».

Debo decir que esta interpretación no surgió de la nada, ya que previamente había escuchado comentarios similares en otros contextos, como «Jo, David, si no tuvieras una discapacidad serías buenísimo jugando al fútbol», o «Jo, David, si no tuvieras una discapacidad podrías ser socorrista y ganarte un dinerillo en verano». Sin embargo, cuando este mensaje se traslada al ámbito amoroso, el impacto emocional es mucho más profundo. En ese momento sientes que algo se rompe dentro de ti, como si tu autoestima fuera un jarrón de porcelana que, de repente, comienza a resquebrajarse sin que puedas hacer nada por detenerlo.

Eso se debe a que, por primera vez, te enfrentas a la dolorosa realidad de que, debido a tu discapacidad, puede que nunca logres cumplir una de las expectativas básicas que la sociedad exige para ser una persona completamente normal. Y esa expectativa no es otra que encontrar a tu media naranja.

Es como si, de repente, todo lo que te han enseñado sobre la importancia del amor en la vida se volviera inalcanzable, y no solo eso, ves cómo todos tus arduos esfuerzos por ascender en la carrera de la aceptación social se ven totalmente truncados y condicionados por algo que, por mucho que lo desees, nunca podrás cambiar. Y eso te provoca un sentimiento de insuficiencia tan grande que es casi imposible gestionarlo cuando eres tan pequeño.

En este punto podría desvelaros qué era lo que realmente me estaba pasando desde el punto de vista psicológico, y por qué ese desamor me causaba un dolor tan grande, casi insoportable, pero a fin de mantener la cronología de los hechos y seguir con el ritmo de entendimiento de mi yo infante, guardaremos esta revelación para el final del capítulo. No obstante, lo que sí te puedo decir es que este primer desencuentro amoroso desencadenaría en mí múltiples conductas compensatorias que habrían de acompañarme durante gran parte de mi vida. De hecho, algunas de ellas están tan grabadas a fuego en mi mente, que hoy en día siguen causándome algún que otro dolor de cabeza.

Estas conductas, que ahora mismo os contaré, faltaría más, tenían un único objetivo: mitigar el profundo sufrimiento que me generaba el rechazo amoroso y, en general, la falta de aceptación social que sufría. Para conseguirlo recurrí a dos de los medios más comunes y socialmente aceptados: el alcohol y el sexo. O más concretamente, al botellón de los findes y al famoso «Vladimir».

Antes de aclarar a los lectores inocentes qué es un «Vladimir», quiero profundizar en mi relación con el alcohol. También os digo que no creo que sea una relación muy distinta de la vuestra, ya que, desde pequeños, nos inculcan la creencia de que «las penas, con alcohol son menos penas».

Y no sé cuál será tu experiencia, pero por mucho que aumentara la ingesta indiscriminada de cubatas y chupitos, mi tristeza seguía estando ahí. De hecho, como buen depresor que es el alcohol, muchas veces las multiplicaba por mil y me hacía montar unos pedazo dramas dignos de un culebrón.

Está claro que todas estas actitudes no solo eran llamadas de atención, sino también gritos de auxilio, que buscaban desesperadamente que alguien me ayudara a salir de ese pozo emocional que llenaba mis días de dolor y ansiedad. Sin embargo, considerando que mi relación con mis padres no era precisamente la mejor, y que mis únicos referentes eran mis amigos poligoneros, tanto ellos como yo terminamos normalizando esta situación, viéndola simplemente como un daño colateral de los botellones de los fines de semana.

No sé si fue porque estoy destinado a hacer algo en la vida, pero os puedo decir que más de uno y de dos no han sobrevivido a las cantidades de alcohol que yo solía consumir. A decir verdad, pasé por situaciones bastante peligrosas que, aunque mis amigos y yo en su momento las veíamos como simples borracheras graciosas, en realidad fueron auténticos comas etílicos.

Lo realmente peligroso de todo esto era que, en lugar de llamar una ambulancia y recibir atención de un profesional, mis amigos se convertían en improvisados enfermeros. Y en vez de pincharme la B12 en el culo, recurrían a lo que ellos llamaban «la técnica japonesa que nunca falla», que básicamente consistía en ponerme un paño mojado en la frente. Vamos, que no me quedé por el camino de puro milagrito.

Otra cosa que recuerdo relacionada con este tema, y que me asustó bastante en su momento, fue descubrir en una clase de Ética que, debido a la cantidad de alcohol que consumía, estaba desarrollando algo llamado síndrome de Korsakoff. Al principio, tonto de mí, este descubrimiento me dio bastante risa porque compartía nombre con una DJ famosa de hardcore que me gustaba, pero lo cierto es que no tenía nada de gracioso. Fundamentalmente porque era un tipo de amnesia grave que hacía que, al día siguiente de haber bebido, no recordaras absolutamente nada.

Esto, sumado al profundo miedo al rechazo que sentía, me provocaba una especie de depresión postpedo que me hacía sentir extremadamente culpable y mal conmigo mismo. La ansiedad de no recordar qué cojones había hecho esa noche se mezclaba con el miedo de haber cometido errores irreparables o de haber avergonzado a mis amigos. Esa incertidumbre alimentaba un ciclo de autocrítica y vergüenza que destruía aún más mi raquítica autoestima, dejándome atrapado en un bucle de autodestrucción malísimo que me duraba varios días.

Algo muy curioso, y que me permite enlazar con la segunda conducta compensatoria que surgió a raíz de mi primer desamor, es el tema de la ansiedad. Y aunque la acabo de mencionar como una de las consecuencias de mi «amnesia alcohólica», en aquella época no era en absoluto consciente de que esa opresión y ese frío en el pecho, esa sensación de nerviosismo constante, esos pensamientos repetitivos que no me dejaban en paz, o la dificultad para conciliar el sueño, tenían nombre propio: ansiedad.

Por supuesto, esta palabra ya estaba dentro de mi vocabulario, pero al igual que sucedía con otras emociones, nadie me había enseñado a identificarla cuando las experimentaba. Y el hecho de no entender lo que me estaba ocurriendo solo hacía que la ansiedad creciera más, intensificando mi malestar psicológico.

Este malestar nos lleva directamente al segundo parche: el «Vladimir». Para aquellos que no sepan lo que es, les diré que es primo hermano de la «duchaja» o la «siestaja». Y si aun así no tienes idea de lo que hablo, te lo aclaro en un momento: el «Vladimir» es, simplemente, «una paja y a dormir».

Porque, ¿qué hay más relajante y, nunca mejor dicho, tan al alcance de tu mano como una paja?

Nada. Y, en realidad, no es algo malo en sí mismo. El problema surge cuando este acto se convierte en algo indispensable para poder calmar tu mente y así poder dormir. Es ahí, precisamente, donde empieza a volverse adictivo que te cagas. Y si encima le sumas la necesidad de ver porno para que se te ponga morcillona, la situación se complica aún más.

Por consiguiente, si analizamos estas dos estrategias que mi mente buscó con el fin de intentar sacarme del pozo y dejar de sufrir, nos daremos cuenta de que estaba yendo de mal en peor. Porque ahora, además de seguir estando triste, había añadido a la ecuación el alcoholismo y la adicción sexual. *Uséase*, ¡la hostia en verso!

Mi primera novia: un trofeo

Mientras configuro en mi cabeza los conceptos y aventuras que os quiero mostrar, me estoy dando cuenta de algo bastante curioso, y, por qué no decirlo, perturbador, pero quitando el apartado de mi primera paja, el resto de las secciones que conforman este capítulo podrían tener nombre propio y corresponder a una mujer diferente. Eso, sin ninguna duda, es indicativo de otra de las secuelas que trajo consigo mi primer desamor, pues aparte de convertirme en adicto al alcohol y a las pajas, también me creó la necesidad imperiosa de tener siempre a mi lado a una mujer que diera cierto soporte a mi valor personal y me ayudara a evitar el dolor y el miedo que me generaba la soledad.

Otro dato curioso, y quizás aún más perturbador que el anterior, es que todas las mujeres que han pasado por mi vida encajaban en dos patrones psicológicos muy claros: o eran grandes psicópatas, como mi madre, o eran extremadamente sumisas, como mi padre.

¿Y a que no adivinas cuál de los dos tipos me gustaba más? Pues, por supuesto, mi debilidad siempre han sido las locas. Porque, aunque intente con todas mis fuerzas evitar sentirme atraído por ellas, hay algo en mi interior que me impulsa a querer conquistarlas y, cómo no, a empotrarlas fuertemente.

Supongo que, si eres mujer, debes de estar clamando al cielo y probablemente tu mente ya me haya etiquetado como un machista de mierda. Aunque también te digo que no sé de qué nos extrañamos, después de habernos criado con las películas de Disney, donde el príncipe siempre salva a la princesa indefensa, y los villanos son casi siempre brujas o mujeres malvadas.

De todas formas, sabía perfectamente que al llamar «locas» a algunas mujeres se activaría automáticamente tu radar «anticuñados». Aun así, te aconsejaría que no te apresures demasiado en juzgarme, pues con tan solo un par de frases esos prejuicios podrían volverse en tu contra. Porque, sé sincera, ¿nunca has dicho lo típico, algo así como «¡Joer, que mala suerte tengo en el amor, que siempre ligo con locos!»? ¿Sí o no? A ver, yo creo que eso lo hemos dicho todos, todas y, como diría Irene Montero y compañía, «todes».

Debo admitir que durante una gran parte de mi adultez temprana repetía esa frase un montón. Pero, joder, os juro que estaba basada en algo muy empírico, ya que muchas de las chicas con las que salía eran, literalmente, locas «de manual», os prometo que hasta alguna de ellas tenía su certificado y todo. Y si no os lo creéis, os pongo dos ejemplos rápidos para que podáis comprobarlo por vosotros mismos.

Sin ir más lejos, estuve con una chica, Carlota se llamaba, que de vez en cuando desaparecía sin dar señales de vida, y no es que la muchacha me estuviera haciendo *ghosting*, sino que era bipolar, y cuando le daban brotes la encerraban. O esa otra, de la cual hablaremos después largo y tendido, pues fue la causante de que tocara fondo y se derrumbaran todos mis personajes defensivos, que, para que no la dejara, llegó a mentirme diciéndome que tenía cáncer y que se estaba muriendo.

No sé qué pensaréis vosotros, llámame machirulo si quieres, pero estas chicas muy bien de la cabeza no estaban. Y te diré una cosa, si siempre daba con el mismo perfil, no podía ser casualidad. Solo podía haber dos causas posibles.

La primera, la de los «cuñados», que creen que todas las mujeres están locas. Algo que, solo por estadística, no puede ser. Y la segunda te la daría cualquier psicólogo si le preguntaras, y te diría que no hay loca que entre en la vida de alguien si ese alguien no es un loco que acepta sus locuras. En otras palabras, que si tus relaciones siempre son un poco tóxicas, te va a tocar escarbar, porque es muy probable que la toxicidad ya esté dentro de ti.

Darse cuenta de esto es bastante jodido, pero aún lo es

más cuando el cabrón de tu psicólogo te hace ver que todas esas locas que te puto encantan son, en realidad, clones de tu madre. Y claro, cuando te sueltan eso, lo primero que quieres preguntarle al mamón es si lo que te está queriendo decir es que, en el fondo, quieres follarte a tu madre.

Este, os lo juro, ha sido uno de los momentos más *shock* que he vivido en la consulta de un psicólogo. Aunque, para ser sincero, creo que solo me resultó impactante a mí, porque el tipo se descojonó de lo lindo al escucharme. En fin, vamos a dejar este tema aquí, porque no era precisamente lo que tocaba ahora, pero, claro, me calentáis, y acabo contándoos hasta mis intimidades más oscuras.

Lo que realmente pretendía con todo esto era intentar dar respuesta a por qué narices nos suelen gustar las personas que son un poco chungas, con las que las relaciones no son precisamente sencillas, mientras que, por otro lado, solemos rechazar a las que son un amor y nos lo ponen todo fácil. ¿Alguien me lo puede explicar?

Sin duda, esta es la cuestión a la que le he dado más vueltas en mi vida. Y es que para poder romper ese patrón conductual que me hacía depender de la compañía de una mujer, primero debía entender qué era lo que hacía que esas mujeres difíciles me gustaran tanto.

La respuesta a la que llegué, sinceramente, me generó una gran «hipotenusa» cerebral. Porque, dicho de la manera más didáctica y educativa que sé, lo que me atraía de esas mujeres era, paradójicamente, lo que en teoría todos los seres vivos quieren evitar: el rechazo.

¿Cómo me di cuenta de esto? Pues como la mayoría de las veces, buceando en mis heridas infantiles.

Cuando somos pequeños, no hay nada que no nos llame la atención. Tocamos, golpeamos e incluso chupamos cualquier cosa que se cruce en nuestro camino. Ese afán por explorar el mundo a veces nos mete en líos, y terminamos rompiendo algún que otro objeto. Y, como suele pasar, esas cosas suelen ser valiosas o importantes para nuestros padres, lo cual les provoca mucha frustración y, cómo no, un buen cabreo.

Para ser un poco más gráfico, imagínate a ti de niño, jugando a las cocinitas. En medio del juego, decides que esos utensilios de juguete que te han dado no son lo suficientemente buenos para preparar tu jugoso muslo de plástico, así que optas por usar los platos y vasos de verdad. Y justo en el punto álgido del juego, mientras sirves una de tus preparaciones más sofisticadas a lo Dabiz Muñoz, uno de los platos se te resbala y se rompe en mil pedazos.

Naturalmente, este desastre capta la atención del Ojo de Saruman, es decir, la ira de tu padre, que al ver el percal, en lugar de tranquilizarte por el susto que te acabas de llevar y explicarte con amor y cariño que esos platos no son para jugar, te echa una gran bronca en forma de correctivo emocional.

Una mirada de desaprobación, un grito, un castigo o incluso una tortita son suficientes para que, desde nuestra mentalidad de niños, entendamos que si no «nos portamos bien» y no somos «buenos», nuestro papá, la mayor autoridad en nuestras vidas, podría rechazarnos y dejar de querernos.

Al igual que os contaba en el capítulo sobre el *bullying*, donde los castigos de mi madre servían para mantenerme controlado, este es otro claro ejemplo de condicionamiento. Aunque es verdad que muchas veces estos automatismos surgen de forma inconsciente, este tipo de experiencias nos lleva a interiorizar la idea de que cuando alguien nos rechaza debemos esforzarnos en demostrar que somos válidos y merecedores de su amor.

Y aquí tenemos la razón de por qué nos suele gustar la gente que nos pone las cosas difíciles. Al experimentar esa sensación de rechazo por parte de alguien, se activa en nosotros la respuesta adquirida en la infancia, a través de la cual trataremos por todos los medios conseguir la validación del otro.

Lo más triste de todo es que, inconscientemente, esta forma tan tóxica de relacionarse con la familia a través del castigo y el miedo termina configurando nuestra concepción del amor. Esta experiencia nos lleva, ya de adultos, a enfrascarnos en relaciones donde no somos capaces de diferenciar entre las conductas tóxicas y negativas, y las que son verdaderamente amorosas. En esencia, aprendemos a asociar el amor con el sufrimiento, y eso nos hace vulnerables a relaciones disfuncionales en las que el maltrato o la manipulación se confunden con el afecto.

Con todo lo que te acabo de contar, y con la toxicidad como centro neurálgico, parecería lógico presentarte a mi «más mejor» novia, Jasmin. Eso sí, no te dejes engañar por el nombre, porque lo que viví con ella, más que «un mundo ideal», fue un auténtico infierno. Aun así, vamos a dejar el plato fuerte para el final, porque de lo que realmente quería hablaros es de mi primera novia.

Esta se llamaba Tamara, y la verdad es que era de todo menos tóxica. De hecho, encaja perfectamente en el otro perfil de novias que mencioné anteriormente bajo el título de «sumisas». Y no es que me dijera a todo que sí, e hiciera con ella lo que quisiera, que también, sino que la pobre era más buena que el pan y me ofrecía un amor en estado puro, sin manipulaciones ni juegos mentales. Pero, claro, mi mente, acostumbrada al drama y a la intensidad emocional de mi madre, no sabía cómo gestionarlo, y en cierta manera me daba bastante miedo, así que terminaba provocándome cierta sensación de aburrimiento, e incluso de rechazo.

Pero, si te soy sincero, en aquel momento me daba exactamente igual si era buena, tóxica, vendía tangas usados por internet o si era una monja de clausura. ¡Me la sudaba! Lo único que me importaba en ese momento era cumplir con la jodida expectativa social que impone la idea de que, para ser aceptado, debías tener una novia.

Mira que soy un experto en soltar cosas políticamente incorrectas, pero lo que voy a decir ahora, sacado de contexto, podría llevarme perfectamente a la cárcel, especialmente hoy en día.

Pero la verdad es que Tamara, mi primera novia, fue un auténtico trofeo. Y sí, para mí fue poco más que un *tick* verde en mi lista de tareas. Ella representaba la prueba de que, a pesar de mi discapacidad, yo también podía ser amado por una chica, y en consecuencia ser normal.

Leer esto, incluso para mí, no es plato de buen gusto, porque nadie merece ser utilizado de esa manera. Además, el modo en que la traté tampoco fue maravilloso que digamos. No solo veía nuestra relación como un logro personal, sino que además me comporté como un auténtico niñato, ignorando sus necesidades e incluso siéndole infiel en varias ocasiones.

Afortunadamente para ella, esta relación duró relativamente poco, no solo por la inmadurez inherente a los dieciocho años, sino también por mi manifiesta inestabilidad emocional. Después de marearla un par de veces con idas y venidas sobre si lo dejábamos o no, decidió que lo mejor para ella era cortar por lo sano y poner fin a nuestra relación, ya que por mi parte era un tanto tóxica.

No sé si fue a modo de venganza, o simplemente por mera supervivencia, pero aprovechó su viaje de Erasmus para dejarme por WhatsApp y así poder cumplir con el famoso y necesario «contacto 0», una herramienta que viene de maravilla para sanar un corazón roto. Así que lo que para ella empezó como un viaje de estudios, terminó convirtiéndose en lo que comúnmente se denomina «Orgasmus», otra técnica derivada del famoso «un clavo saca otro clavo» que también funciona como un buen paliativo para el desamor.

Lo curioso de todo esto es que, aunque yo era totalmente consciente de que esta chica no me gustaba nada en absoluto, y de que no era la mujer de mi vida ni de lejos, cuando decidió dejarme, se me vino el jodido mundo encima. Lo pasé francamente mal.

Estaba tan hundido en la miseria que, a pesar de la distancia emocional que mantenía con mi madre, terminé contándole lo que me había pasado y acabé llorando como una magdalena, abrazado a ella.

Esta ruptura inesperada me sumió durante meses en una especie de nebulosa depresiva, donde solo cabían dos pensamientos en mi cabeza: uno, el deseo obsesivo de querer volver con ella; y otro, la total confusión de no entender absolutamente nada de lo que estaba ocurriendo. Era como si mis emociones fueran por un lado, causándome un dolor indescriptible, mientras que mi mente iba por otro, diciéndome: «Pero, chaval, ¿qué haces? Si esta chica te daba exactamente igual».

En aquel momento no obtuve ninguna respuesta a la pregunta de qué cojones me estaba pasando. Aun así, algo dentro de mí ya me hacía intuir que esa reacción irracional tenía una raíz completamente emocional, y que, aunque no pudiera verlo en ese momento, la explicación iba mucho más allá del típico refrán popular que reza: «No sabes lo que tienes hasta que lo pierdes». Por cierto, en ese momento lo que más me sacaba de quicio era que me soltaran esa frase. Me entraban ganas de responder: «A ver, ¿tú has venido a animarme o a hundirme más en la miseria, so cabrón?».

En vista de que mis amigos no eran capaces de sofocarme como yo necesitaba, mi mente hizo otra vez de las suyas y repitió la misma estrategia de otras veces, añadiendo un par de sutiles mejoras.

Por un lado, el parche de las pajas evolucionó hacia una necesidad constante de querer meterla en caliente siempre que fuera posible, y por otro, añadió un nuevo remedio al binomio del alcohol y el sexo: el deporte, que, como ya mencioné en el capítulo anterior, me permitió camuflar el dolor emocional a través del dolor físico de los entrenamientos.

En resumen, este nuevo desamor marcó el inicio de un nuevo personaje psicológico en mi vida. Y por si no fuera suficiente con los que ya tenía, apareció el Follador.

Me patrocina Tinder

Toda nueva habilidad requiere de un proceso de aprendizaje y perfeccionamiento, y este nuevo personaje no iba a ser la excepción. Aunque el Follador surgió tras la ruptura con mi primera novia, como un mecanismo defensivo más para enterrar el dolor en las profundidades de mi ser, su verdadero apogeo no llegó hasta un año después. Fue entonces cuando alcanzó su máximo esplendor, transformándome en una auténtica máquina de conquista.

Sinceramente, decir que era un gran conquistador es suavizar bastante la realidad. Porque, ¿alguna vez os habéis parado a pensar en qué se basa realmente el proceso de conquista? Y no me refiero a lo que hacía el Imperio romano con los bárbaros, aunque si lo piensas, hay ciertas similitudes. Ellos esclavizaban con cadenas, y nosotros, con piropos y buenas palabras.

El caso es que cuando quieres conquistar a alguien, lo que realmente haces es mostrar tu mejor versión. O, dicho de otra forma, le ofreces a la otra persona lo que quiere ver, para obtener su aprobación y, finalmente, conquistar su preciada habitación. Pero aquí viene lo interesante: cuando te dedicas a alterar la realidad, moldeando tu comportamiento y exagerando tus virtudes para que alguien caiga rendido a tus pies, ¿cómo crees que se llama eso?

¡Venga, esta sí que la sabes seguro! Se llama... MENTIR, y la mentira, amigos, es la base de cualquier manipulador.

¿No os ha pasado alguna vez que, después de esos primeros meses de idilio maravilloso, durante los cuales parece que la otra persona ha salido directamente de una de esas novelas románticas moñas que te venden cuando eres un adolescente enamoradizo, de repente sientes que ya no es la misma persona? Y ahí, en tu cabeza, aparece el típico pensamiento: «Huy, pero si Carlitos al principio no era así... era encantador y maravilloso».

Pues sí, amigo, amiga... ¡te la han metido doblada! Por cierto, en mi caso esta imagen es totalmente literal: por algún misterio de la naturaleza, que ni yo mismo entiendo, mi pene tiene una inclinación bastante alineada con la formación podemita. Vamos, que es de izquierdas y vota a Pablo Iglesias.

Esta característica, de pequeño me daba mazo complejo, porque no se correspondía con la ejemplar rectitud que lucían los gigantescos y majestuosos nabos de Nacho Vidal y compañía. Así que, cuando estaba bien erecta, me la agarraba con fuerza e intentaba enderezarla como podía. ¡Y dolía de cojones!

Menos mal que, leyendo una noticia sobre un tipo al que se le partió el miembro en dos mientras percutía con su pareja, descubrí que eso podía romperse. Así que dejé de hacer semejante gilipollez. Aunque, para ser sincero, la verdadera razón por la que este peculiar complejo desapareció fue, una vez más, la validación social. En concreto, gracias a la aceptación de las afortunadas damiselas que tuvieron el placer de probar las dotes y deleites de mi peculiar Calippo de lomo. (Perdonadme, pero si no saco mi repertorio de referencias heterobásicas sobre el pene, no me quedo a gusto).

Quizá pienses que este relato sobre mi pene ha sido totalmente gratuito, y que lo único que busco es despertar tu curiosidad sexual sobre mi persona para así aumentar mi lista de conquistas. Y aunque, por supuesto, esa razón también está ahí —para qué mentir (es más, si lo he conseguido, por favor, mándame un MD a Instagram y lo hablamos)—, lo que realmente quiero destacar es la enorme influencia que tienen los cánones de normalidad sobre todos nosotros. Tanto es así que llegamos a avergonzarnos hasta de cómo narices son nuestras propias partes íntimas.

Porque, ¿cuántos chicos y chicas lo pasan fatal en sus primeras veces porque no tienen un pene o un chocho «normativo»? Todos, ¿no?

Eso sí, debo reconocer que la primera vez que descubrí que no todos los chochos eran iguales, me asusté un poco bastante, porque no me lo esperaba. Pero en cuanto te percatas de que todos se comen igual, te da igual si tiene forma de mariposa o parece que te saca la lengua con uno de sus labios. Al final, lo que importa es disfrutar.

Dejando a un lado esta reivindicación en pro de los cuerpos no normativos, sigamos con lo que estábamos hablando: y sí, si eres una persona altamente ligona, es muy probable que también seas altamente manipuladora. Pero, como en todo, para alcanzar un elevado nivel de dominio, necesitamos práctica.

Al igual que un niño cuando aprende a caminar, pasas por una etapa de prueba y error, perfeccionando las diferentes técnicas de conquista. Uno de los retos a los que me enfrenté al principio fue que no estaba acostumbrado a tener que hablar sobre mi discapacidad y todo lo que implicaba esa conversación. Porque, claro, al final mi zona de acción era mi pueblo, donde, para bien o para mal, todos nos conocemos desde pequeños y sabemos los marujeos y secretos de cada uno. Por tanto, esa fase de tener que explicar qué me pasaba en las piernas estaba totalmente superada.

Pero, como es de esperar, cuando te haces mayor y tu pueblo se queda pequeño para cubrir tus necesidades básicas, te enfrentas a la inevitable necesidad de conocer gente fuera de ese entorno controlado, como, por ejemplo, una discoteca o una app de citas. Y, por lo menos a mí, eso me complicaba el asunto enormemente. Porque, no sé qué pensarás tú, pero a mí no me apetecía una mierda tener que iniciar una conversación con una chica diciéndole:

—Hola, ¿qué tal? Me llamo David y soy cojo.

Sería como arrancar un partido de FIFA perdiendo diez a cero, que, por mucho que te esfuerces, remontar eso es misión imposible. De ahí que una de mis primeras técnicas consistiera en evitar esa conversación tan incómoda a toda costa.

Supongo que estarás pensando: «¿Cómo cojones lo hacía? Eso es básicamente imposible». Y en cierta manera tienes razón. Antes o después, esa conversación iba a llegar, pero la idea era que, para cuando llegara, yo ya hubiera metido algo mío dentro de ella, ya fuera la lengua, el dedo, el pene o esa imagen ficticia que proyectaba en forma de tipo seguro y empoderado.

Es verdad que en las discotecas tenía esta técnica bastante dominada. Todo lo que necesitaba era estar cerca de la barra o de cualquier superficie que me permitiera agarrarme con un brazo, mientras con el otro lanzaba la caña para que mi belleza y mis encantos hicieran el resto. ¿Qué pasa? Pues que la discoteca ofrece varios «facilitadores» como la oscuridad, la música a todo volumen y el alto nivel de alcoholismo generalizado, que me ayudaban a disimular mi discapacidad sin problemas. Pero, claro, fuera de ese contexto, la cosa cambiaba radicalmente.

Y eso nos lleva directamente a una de las anécdotas más divertidas que he vivido —o al menos mis colegas cada vez que la recuerdan se mean de risa—. Yo la titulé «El esguince crónico».

Yo ya tendría alrededor de veintiún años cuando un amigo mío conoció a una chica por internet con la que quería liarse, pero aunque los dos se gustaban un montón, no habían quedado todavía porque les daba bastante vergüenza quedar solos. Así que orquestó un plan genial: organizó una especie de «macrocita» en mi casa e invitó a un par de amigas de la chica y a nosotros, sus amigos. Lo que en el argot del ligoteo se conoce como un tres pa tres, que básicamente consiste en tres amigos y tres amigas que quieren... bueno, ya sabes, hacer el delicioso.

Por cierto, si eres padre o madre de hijos adolescentes quiero quitarte la venda de los ojos y decirte que cuando se quedan solos en casa dudo mucho de que estén viendo la última temporada de *Los Bridgerton* con sus amigos, y lo más probable es que tu hijo o tu hija folle más en tu cama que tú mismo. Es duro, lo sé, pero es mejor asumirlo cuanto antes y cambiar las sábanas cada vez que vuelvas para no llevarte un desagradable y pegajoso disgusto.

Nota a mis padres: papá, mamá, tranquilos, yo siempre cambié las sábanas.

Continuando con la historia, mi amigo, el celestino de la noche, con el fin de dejar todo organizado y que nos fuéramos emparejando antes de la esperada cita, montó un grupo de WhatsApp con todos los que íbamos a asistir, cuyo nombre no dejaba margen a la imaginación, ya que utilizó el título de la famosa canción de Don Omar, «Dale, Don, Dale».

Por supuesto, ni se me pasó por la cabeza preavisar a *my match* de que mi forma de andar no era precisamente normotípica, y mucho menos tenía la intención de mencionarlo durante la cita. Mi único objetivo de la noche era percutir, así que no podía permitir que ninguna variable se interpusiera entre mi objetivo y yo.

Por eso ideé un plan infalible: convertí a mis amigos en mis *sherpas* personales, delegándoles cualquier tarea que pudiera surgir durante la fiesta para así no tener que desplazarme en absoluto y que se descubriera el pastel. Vamos, que estuve más de cuatro horas sin moverme ni un centímetro, y claro, las consecuencias no se hicieron esperar. Entre las copas y el tiempo que pasamos, llegó un momento en que pensaba que me iba a estallar la próstata.

Menos mal que el artífice de esta aventura decidió finalmente lanzarse y ponerle un poco de acción al asunto metiéndole un tremendo filete a su chica, lo que provocó inevitablemente que el resto del grupo se dispersara por las distintas estancias de la casa. Por mi parte, aproveché estratégicamente esta circunstancia para escabullirme cual lagartija y poder llegar a mi habitación sin que nadie me viera caminar.

Una vez allí, no creo que haga falta entrar en detalles sobre lo que pasó entre aquellas cuatro paredes, aunque, como ya nos conocemos y sabiendo que sois unos pillines de mente altamente sexualizada, estoy seguro de que os encantaría saberlo. Pero tendréis que conformaros con saber que nos pusimos finos filipinos. Y digo «nos» porque, como os he ido demostrando, estoy trabajando en mi deconstrucción masculina para dejar de ser un «cuñao». Ahora bien, si he de ser honesto, lo que ocurrió se describe mejor con la típica y rupestre frase «la puse mirando para Cuenca».

El caso es que, justo cuando habíamos terminado la faena y nos preparábamos para un segundo «pinchito», mi compañera de *gym* nocturno recibió una insólita llamada. Era de una de las amigas del tres pa tres, que, como buena rata que era, no quiso desaprovechar la inversión que había hecho esa noche para hacer botellón en mi casa y trató de beberse toda su botella; el resultado fue que le dio un perrenque etílico de la hostia; de ahí que llamara a su amiga para que fuera a verla.

Y justo en este punto, cuando fuimos a ver a la susodicha, cometí un terrible error. Como ya había cumplido mi misión y estaba más feliz que un regaliz porque había mojado el churro, me olvidé de lo llamativa que resulta mi forma de andar, incluso para una borracha, cuando no sabes que tengo una discapacidad. En cuanto llegamos al salón donde estaba la chica y vio mis andares en todo su apogeo, se quedó desconcertada y me soltó lo siguiente:

—¿Qué te pasa en la pierna...? ¿Por qué... andas asssí?

Podríamos decir que aquella preguntita me metió de lleno en un pequeño intríngulis. De repente tenía a todas las chicas mirándome las piernas, y yo no sabía ni dónde meterme. Mi cerebro iba a mil revoluciones, intentando encontrar una jodida salida a esa situación tan desventajosa para mi persona, y lo único que se me ocurrió responder fue:

—¿En las piernas? ¡Nadaaa!
Es que tengo un esguince. Pero... ¿y tú cómo estás?
Que eso es lo realmente importante, ¿no?

Lo curioso de todo esto es que se lo tragaron por completo. Atendimos a la amiga, volvimos a la habitación, le volví a enseñar las famosas casas colgantes de Cuenca un par de veces más, y al día siguiente se fueron, y todos tan contentos. Eso sí, hay que hacer una mención especial al gran trabajo de contención que hizo mi amigo cuando solté lo del esguince y logró no morirse de risa en ese mismo momento. Un verdadero maestro del autocontrol. Es más, él fue el encargado de titular a esta historia como «la del esguince crónico».

Estoy seguro de que al contaros esto, gran parte de mis lectoras femeninas pensarán que soy un cabrón machista por ocultar que tenía una discapacidad para follar con la chica, y encima enorgullecerme de hacerlo.

Lo sé, porque esto ya me pasó cuando conté esta misma historia en un podcast, y justo esa parte se viralizó en las redes. Como resultado, me gané a unas cuantas *haters* radicales que decían que era una *«red flag»* andante. Yo les respondí que andante, andante... precisamente no era.

Además de recibir algún que otro improperio hacia mi persona, surgió un debate bastante interesante en los comentarios entre hombres y mujeres. Los primeros les respondieron a mis *haters* que todos ocultamos cosas en algún momento, incluso ellas, ya sea con maquillaje, con rellenos o con esas fajas mágicas que les permiten lucir un tipín a lo Pilar Rubio, cuando más bien el suyo es a lo Kim Kardashian. Y, además, si argumentan que una mujer trans no tiene ninguna obligación de revelar a sus parejas que tiene pene, ¿por qué yo debería de ir contando que tengo una discapacidad?

Como veis, es un debate bastante curioso y controvertido. Más allá de profundizar en el tema, lo que me interesa resaltar es que nadie está exento de acabar sucumbiendo a la influencia que la sociedad ejerce sobre nosotros, condicionándonos e incitándonos a «autonormalizarnos» para ser aceptados. Y aunque pueda parecer que esta técnica de «ocultar mi discapacidad» no sirvió de mucho para conseguir ese objetivo, no fue del todo inútil, ya que a la chica con la que pasé la noche debí de dejarle un buen sabor de boca y terminé gustándole. La prueba es que quedamos unas cuantas veces más. (Disculpad que utilice dobles sentidos todo el tiempo, pero es que soy tan sumamente imbécil que me hace muchísima gracia ponerlos).

Por supuesto, antes de volver a quedar, tuve que contarle lo del asuntillo de mis piernas. Os juro que jamás olvidaré su reacción, ya que cuando le expliqué que tenía una discapacidad y que por eso cojeaba, me preguntó muy contrariada y confusa:

—¿Cómo que cojeas? ¿Como un zombi?

Debo confesar que, aunque desde fuera pueda parecer simpática e inocente, en aquel momento su respuesta me dolió bastante, ya que ponía el acento en una parte de mí con la que, evidentemente, no me sentía cómodo. Esa incomodidad activó de inmediato mi humor negro, que, como buen mecanismo de defensa que es, tomó el control de la situación y dio origen a una de las bromas más típicas entre quienes tenemos una discapacidad física:

—Me patrocina *The Walking Dead* y salgo en dos capítulos.

Os suena, ¿eh? Estoy seguro de que si estáis en contacto con el mundo «disca» o seguís a algún *influencer* con discapacidad, esta broma la habréis escuchado más de una y de dos veces. Esto se debe a que, al final, todos estamos cortados por el mismo patrón. Este ejemplo es perfecto para reafirmar lo que ya hemos comentado en capítulos anteriores: el humor negro no tiene nada que ver con aceptar tu discapacidad. Es más bien una herramienta para protegerte del dolor que supone «ser diferente», y además te proporciona una buena dosis de validación social. Y eso, no me cansaré de decirlo, es adictivo de la hostia.

Resumiendo, con esta gran victoria «amorosa», mi mermada autoestima dio un paso al frente y descubrió que haber tenido novia por primera vez no había sido un hecho fortuito y aislado y que, a pesar de ese evidente y notorio gran freno inicial llamado discapacidad, contaba con lo más importante para ligar: era altamente atractivo. Tanto en lo físico —estoy *to* buenorro—, como en lo social —soy *to* simpaticón.

Vamos, que era un auténtico partidazo, ¿no crees? Y encima, con el tiempo desarrollé una destreza tan increíble con los cunnilingus, que ni el mismísimo Satisfyer podía igualarme. (Si tu respuesta es afirmativa, envíame tu solicitud de casamiento por Instagram, y vamos negociando el tema).

Es verdad que, después de acumular tantos rechazos y calabazas en mi currículum, este primer «tanto» fue clave para iniciar la remontada. Pero sin duda hubo un gol que me consolidaría como un auténtico ligón, tanto para mí mismo como para mis amigos, que fue cuando, sin comerlo ni beberlo, acabé liado con mi entrenadora de natación.

Sí, amigos, me follé a mi entrenadora. Y aunque el simple hecho de que estuviera muy por encima de mí por su condición de instructora ya provocaba que inevitablemente se me pusiera morcillona, ella poseía otros atributos que la hacían aún más deseable. Para empezar, me sacaba la friolera de diez años, lo cual, debido al gran daño que había hecho la categoría MILF de PornHub, me resultaba altamente excitante.

Además, estaba buenísima, la tía, tenía un cuerpito *fit*

que te cagas. Y tenía unas tetas... buááá, como planetas, ¡y encima de goma! Esto, para cualquier chaval inexperto y unineuronal como yo, era una auténtica locura. Y por si fuera poco... ¡Era gogó de discoteca! Pero no de cualquier discoteca, no. ¡Era gogó en FABRIIIKKK! Buá, lo pienso y todavía hay una parte de mí que se sigue poniendo cachonda.

Por supuesto, todo ello no solo hizo que el logro fuera impresionante, sino que para un chavalito de veintiún años acomplejado y con una autoestima que no le llegaba ni a las rodillas al pobre, resultaba prácticamente legendario. A partir de ese momento, el sexo, el ligoteo y una necesidad casi enfermiza de tener que gustar a todo el mundo se convertirían en mi herramienta principal para huir del sufrimiento que me provocaba ser diferente. Me pasé años y años tapando con mujeres de Tinder lo que no era capaz de tapar con amor propio. Y es que, a decir verdad, en aquella época no sabía ni lo que era eso.

Lo curioso de todo esto es que, aunque al principio la estrategia funcionaba y me alejaba de esa incómoda sensación de vacío y frío en el pecho que me hacía sentir solo, con el tiempo me llevó inevitablemente a enfrentarme a una de las cosas que más miedo y dolor generan en la vida: UNO MISMO.

10

El despertar: aceptar que no me acepto

Acababa de regresar de una de mis primeras conferencias fuera de Madrid y esperaba en la parada de autobús a que mi madre me recogiera para volver a casa.

El calor veraniego de ese día pesaba en mi pecho más de lo habitual, como si el aire que inhalaba no bastara para llenar mis pulmones. No sabía si esa sensación asfixiante provenía del calor o de la herida emocional que había sufrido tras la reciente experiencia traumática que acababa de vivir.

Fuera cual fuera la causa, una profunda sensación de desconexión y aturdimiento recorría mi cuerpo. Me sentía flotando en una especie de limbo, como si el mundo a mi alrededor se moviera en una frecuencia distinta, una que yo ya no era capaz de sintonizar.

En aquel momento tendría unos veintiséis años, pero lejos de sentirme un adulto seguro y empoderado me sentía mucho más frágil, casi indefenso, como si una parte de mí hubiera retrocedido a un estado emocional más vulnerable, casi infantil.

Mi madre nunca ha destacado por su puntualidad, y ese día tardó más de lo habitual en recogerme.

La espera me estaba poniendo cada vez más nervioso, especialmente porque esa sensación de agobio y desconexión empezó a mutar en algo mucho más profundo y oscuro. Era como un cúmulo de emociones molestas, que, aunque no lograba identificar, me resultaban extrañamente familiares, como cuando te cruzas con alguien y piensas: «Joer, no sé quién es, pero su cara me suena un montón».

Cada coche que pasaba y no resultaba ser el Seat León de mi madre, solo hacía que esa especie de dolor silencioso me fuera envolviendo lentamente cada vez más y más. Justo cuando esa sensación parecía estar a punto de desbordarse, un pensamiento, frío y punzante como un cuchillo, atravesó mi mente: «Tírate y ponle fin a todo».

De repente, aquel pensamiento extraño y perturbador se instaló en mi cabeza y se hizo con el control, y al divisar el autobús que se acercaba, me pareció la oportunidad perfecta para llevarlo a cabo. En esos breves segundos, mientras el vehículo avanzaba hacia mí, el impulso de lanzarme fue casi abrumador.

Sentí cómo mi cuerpo comenzaba a moverse, levantando lentamente el pie izquierdo hacia la carretera. Pero justo antes de dar ese fatídico paso, algo en mí despertó y logré retroceder.

El autobús siguió su curso, dejando tras de sí una ráfaga de aire caliente que me golpeó en la cara a modo de castigo, mientras mi corazón latía desbocado y mi cuerpo seguía temblando. Estaba completamente en *shock*, atónito, intentando asimilar lo que acababa de suceder y preguntándome cómo cojones había llegado a una situación tan peligrosa.

Soy consciente de que pasar de hablaros de mi vida sexual y amorosa en el capítulo anterior a comenzar este con un intento de suicidio debe de haberos creado un contraste emocional bastante bestia. Sin embargo, de algún modo, ambas cosas están totalmente conectadas. Eso sí, esta vez no seré yo quien os explique qué desencadenó esta desagradable experiencia, sino que dejaré que mi madre os lo resuma con su particular forma de «consolarme» en aquel momento:

«David, hijo, ¿después de todo lo que has superado en la vida, ahora vas a dejar que una chica te hunda?».

Como podéis ver, lo de mi madre con la gestión emocional de los demás no era precisamente su fuerte. Sin embargo, su comentario nos sirve para desvelar cuál fue el origen del colapso interno que viví en aquellos momentos, y que me llevó hasta el extremo de considerar el suicidio: un «simple» desamor.

Dicho así, puede parecer una situación sencilla y manejable, algo que ya había vivido antes y que, de alguna manera, todos hemos experimentado. Pero como podéis imaginar, esto iba mucho más allá de una «simple» ruptura amorosa.

Entonces, si ya había pasado por algo similar antes, ¿por qué crees que esta situación me llevó a un nivel tan extremo de desesperación emocional?

Antes de responder a esta enigmática pregunta y profundizar en lo que realmente sucedió, quiero compartir con vosotros algo mucho más importante y significativo, y es la causa o la razón de por qué «gracias a Dios» no fui capaz de dar ese fatídico paso. Y esa razón fue algo tan simple y tan al alcance de todos como ir al psicólogo.

Carlos: mi chamán de confianza

Como ya os adelantaba con el título de este libro, (*Lo mío no es normal, pero lo tuyo tampoco*), digamos que de convencional no tengo mucho, algo que creo ha quedado más que demostrado a lo largo de estas páginas. Y lo cierto es que tampoco lo soy para las cosas más simples, como en este caso ir al psicólogo. Lo digo porque, a diferencia de la mayoría de la gente que acude por su propia voluntad, en mi caso ocurrió al revés: fue el psicólogo quien vino a mí.

Lo cual, visto con perspectiva, y considerando la edad del hombre, que rondaba entre los sesenta y la muerte, a cualquier persona normal quizá le habría causado un poco de *cringe*. Sin embargo, en mi caso fue todo lo contrario: me despertó una gran curiosidad.

Y os estaréis preguntando: «¿Por qué cojones un psicólogo llamaría a la puerta de alguien? ¿Tan mal se te veía?». Quiero pensar que no fue porque le parecí desequilibrado —aunque con el tiempo descubriría que sí lo estaba—, sino porque, según él, vio algo en mí.

La verdad es que en aquel momento no tenía muy claro qué narices había visto en mí, aparte de haberme conocido a través de un reportaje que me hicieron en Telemadrid, donde aproveché mi palmarés deportivo para dar a conocer los primeros pasos de la Fundación Pegasus. Por cierto, os recomiendo que veáis este reportaje, no tanto por el contenido, que, bueno, no está mal, como porque es la prueba irrefutable de que alguna vez tuve una gran melenasaaa.

Os dejo el título del vídeo para que lo busquéis en YouTube y lo comprobéis por vosotros mismos: (*Madrid se Mueve 42 - Historia David Rodríguez - Asociación Pe-*

gasus). Eso sí, no seáis cabrones y os riais demasiado de mi increíble melena, pues, aunque evidentemente en ese momento tenía más pelo que ahora, ya empezaba a notarse que la cosa no iba muy bien y que tenía pinta de que la alopecia había venido para quedarse.

El caso es que, tras ver el reportaje en las redes sociales, este hombre me escribió por Facebook diciéndome que tenía un centro de psicología y que le encantaría que fuera un día a conocerlo y enseñarme a qué se dedicaban allí. Para ser sinceros, en ese momento no tenía ni la menor idea de qué era un centro psicológico, ni mucho menos en qué consistía la psicología en sí. Mi conocimiento se limitaba a la típica creencia social de que solo se acudía a un lugar así cuando uno estaba al borde de la locura.

No sé si fue porque, en el fondo, intuía que mi cabeza no estaba del todo bien o porque en aquella etapa de mi juventud decía que sí a cualquier cosa con tal de tapar mi notable pero inconsciente insatisfacción personal a través de nuevas aventuras. Lo único que sé es que, una semana después de aquel mensaje, me encontré sentado frente a un hombre calvo y considerablemente mayor que yo.

La escena era, cuando menos, pintoresca y tremendamente confusa para mí. Más allá de lo peculiar que era este hombre —con su barriguita cervecera, su ropa holgada de tonos neutros, sus colgantes de cuencas marrones y unos ojos saltones que parecían atravesarte el alma—, su entorno tampoco era lo que podríamos llamar «normal». La sala estaba repleta de estatuillas de señores regordetes con unas sonrisas que me resultaban de lo más inquietantes. Estaba claro que eran budas, aunque en ese momento no tenía idea de quién era dicho personaje.

Además, había una fuente en un rincón que burbujeaba y aportaba una sensación de calma al ambiente. Todo eso iba acompañado de una música hipnótica que sonaba como a cantos de ballenas, junto con un aroma tan fuerte que, la verdad, me dejaba más colocado que los porros de mis amigos. En resumen, la situación era bastante extraña, pero ahí estaba yo escuchando a aquel señor.

No recuerdo con claridad el contenido de la conversación, pero lo que sí sé es que muchas de las cosas que me decía me sonaban a chino total, y que lo que yo interpretaba en ese momento no tenía nada que ver con lo que más tarde supe que quería transmitirme.

No paraba de hablarme de la mente, del ego y de una especie de paz mágica que, según él, era nuestra esencia: la consciencia.

Al principio no me inspiraba mucha confianza que digamos, pues me sonaba a la típica secta religiosa, y temía que en cualquier momento me dijera que le rezara a la virgencita de turno para curarme las piernas. Y eso es algo que, aunque pueda sonar surrealista, no sería ni la primera ni la última vez que habría de pasarme.

Por suerte, esta vez la cosa no iba por ahí, y cuando me aclaró que él no era religioso, sino espiritual, aun sin yo saber qué cojones significaba eso, bajé la guardia automáticamente y comencé a escucharle con menos escepticismo y cada vez con mayor interés.

Como os decía, no entendía ni una palabra de lo que decía, pero había algo en su discurso que me estimulaba el cerebro enormemente, y hacía resonar algo en mi interior que solo mi profesor de filosofía del instituto había logrado tocar. Por cierto, ese cabrón nunca me aprobó, pero la verdad es que me caía bastante bien y me hacía pensar y cuestionarme las cosas, algo que es muy de agradecer, sobre todo si tenemos en cuenta que el resto de los profesores, sin su libro de texto, parecían unos inútiles, como si fueran a implosionar sin saber qué hacer.

En definitiva, no sabía exactamente qué era lo que me atraía, pero algo me decía que estaba en el lugar adecuado. Y cuando me dijo que no me cobraría las sesiones, no hizo falta mucho más para convencerme y acabé yendo todas las semanas al psicólogo.

Rompiendo con todo

Quiero dejar claro, por si aún no lo está, que yo no era en absoluto consciente de que mis interesantes conversaciones con Carlos, mi psicólogo, eran terapéuticas y, de alguna manera, estaban cuidadosamente planeadas por él. Posiblemente esa inocente inconsciencia, combinada con mi gran curiosidad por entender cómo funcionaba la mente humana, hizo que su impacto en mí fuera aún mayor. Sin embargo, al no saber que estaba yendo a terapia, eso también me convertía en un mal paciente, porque lo veía como algo complementario en mi vida, y no como algo imprescindible, tal como lo veo ahora.

No sé si habéis ido alguna vez al psicólogo, o, mejor dicho, a un buen psicólogo, pero la verdadera terapia ocurre fuera de la sesión. Por eso Carlos me mandaba montones de tareas y ejercicios para que yo las realizara a lo largo de la semana y fuera escarbando en cuestiones bastante profundas como «¿quién soy yo?» y «¿cuál es mi propósito en este mundo?».

¿Qué pasaba? Pues no me preguntes por qué, pero en aquella época, cumplir plazos y obligaciones impuestas por una figura externa y «superior» no era lo mío. Además, de manera totalmente inconsciente, me daba bastante miedo profundizar en mí mismo, lo cual hacía que ponerme con los deberes fuera una tarea prácticamente imposible.

El problema llegaba cuando, a la semana siguiente, Carlos aparecía con el carrito de los helados y me lanzaba una simple pero incómoda pregunta: «¿Has hecho los deberes, David?».

Una persona adulta y madura afrontaría la situación y aceptaría las consecuencias de no haber hecho ni el huevo. Pero, claro, resulta que yo no era ni adulto (apenas tenía veintiún años), ni mucho menos maduro, y la única solución que encontraba mi mente infantil para salir de esa situación era... **la mentira.**

Mentirle a Carlos me llevaba a situaciones absurdas y sin sentido que, si las analizamos ahora, acaban consumiendo más energía mental que ser responsable y afrontar la verdad, sin más. Eso hizo que me diera cuenta de que era más mentiroso de lo que pensaba, y de que la mentira estaba mucho más presente en mi vida de lo que me hubiera gustado admitir.

Y es que la mentira es una de esas herramientas que, con fines puramente defensivos, desarrollamos desde niños para evitar las reprimendas y la desaprobación de nuestros padres cuando no cumplimos con el canon del buen hijo.

No sé si recordaréis alguna mentirijilla de vuestra infancia, pero mis padres siempre me cuentan entre risas la vez que di rienda suelta a mi necesidad infantil de ser creativo y artístico, y pinté toda la pared del pasillo con las ceras del colegio. Cuando mis padres vieron semejante obra —que, por cierto, se parecía bastante a las pinturas rupestres de las cuevas de Altamira—, se enfadaron mogollón y me pidieron explicaciones. A lo cual respondí con total seguridad y convicción que no había sido yo, sino Golfo, nuestro perro y que el hecho de que yo estuviera cubierto de pintura era una mera coincidencia.

Este simpático ejemplo viene que ni pintado para mostrar cómo, desde niños, desarrollamos la habilidad de mentir para protegernos emocionalmente, aunque eso implique distorsionar la realidad por completo.

El problema llega cuando te pillan o cuando sientes que estás a punto de ser pillado. En ese momento de conflicto, te encuentras en una encrucijada de la hostia, y la única salida que ves para evitar a toda costa el juicio social y que te etiqueten como embustero es defender tu mentira con uñas y dientes.

¿Qué pasa? Que, para sonar convincente, tienes que creértela al pie de la letra, sin dejar ninguna grieta que pueda hacer tambalear tu discurso. Y ahí está el verdadero peligro, en que como se te dé bien y lo repitas demasiado, se acabará convirtiendo en un patrón de conducta que puede llevarte a terminar viviendo en un mundo más fantástico que los que han creado Tolkien y compañía en sus libros.

En mi caso es cierto que estas mentiras no pasaban de ser pequeñas «mentirijillas» y no afectaban a nadie. Simplemente solía matizar ciertas historias para hacerlas más atractivas y graciosas, con el fin de parecer más interesante y ser aceptado. Pero claro, de forma inconsciente, eso te lleva a mentir en cosas tan simples y absurdas que, cuando lo piensas, te preguntas: «¿Por qué lo haría?».

Un ejemplo reciente de lo que digo podría ser el caso

de una compañera que me regaló un libro que había escrito y, al preguntarme si lo había leído, le respondí que sí sin pensarlo, cuando en realidad no lo había hecho. Lo más increíble es que era un libro infantil, lleno de dibujos y de apenas veinte páginas, que literalmente me habría tomado cinco minutos leer.

Y claro, cuando me pasan cosas como esta, me digo: «David, tío... ¿de verdad? ¿Mentir por una tontería así?».

Ahora bien, antes de que pienses que estoy loco, te invito a que hagas un ejercicio de autocrítica y busques algún momento en el que hayas distorsionado la realidad de forma similar. Te aseguro que te sorprenderás cuando veas que mientes más de lo que creías.

Y ojo, no es que ser mentiroso sea algo malo; de hecho, te diría que es lo más normal del mundo, considerando que nuestra educación, tanto en el colegio como en la familia, es cien por cien paternalista, y el miedo es el motor motivacional de todas nuestras acciones. Por eso lo raro sería que saliéramos siendo personas superresponsables que afrontan todas las situaciones con valentía y honestidad, lo cual evidentemente no pasa, ni puede pasar.

Así pues, el reto aquí consiste en ser conscientes de ello y lograr llevar a cabo uno de los procesos psicológicos que, según la Universidad de My Cojons, resultan más complejos, y al que denomino «romper la mentira».

La complejidad de este proceso radica en que, en mi opinión, es superdifícil que un psicólogo pueda ser de ayuda, sobre todo en casos donde el paciente es un profesional de la mentira, ya que, al igual que hace con todo el mundo, el sujeto querrá que su psicólogo lo considere una buena persona, y jamás reconocerá que es un mentiroso.

Antes de contaros cómo rompí la mentira o, mejor dicho, cómo me la rompieron, quiero explicaros por qué es tan difícil desprendernos de estas realidades que creamos con tanto cuidado y esmero para proyectar una versión psicológicamente más atractiva y aceptable de nosotros mismos.

Uno de los mayores miedos del ser humano es el miedo a la muerte, el miedo a dejar de existir. Y este temor no solo se aplica a la muerte física, sino también a la muerte psicológica.

Para que lo entiendas mejor, quiero que pienses en todas las etiquetas sociales con las que te identificas, por ejemplo, no sé, la de deportista, emprendedora, buena madre, trabajadora, honesta... hay cientos de miles, elige las tuyas.

Ahora que ya las tienes, imagina que, por cualquier circunstancia, dejaras de cumplir con alguna de esas etiquetas. ¿Qué crees que pasaría? Probablemente sentirías mucho miedo, ¿verdad? Incluso, si me apuras, hasta ansiedad.

Esto ocurre porque, en cierto modo, una parte de ti está muriendo, y esos personajes que hemos creado para protegernos del dolor emocional vivido en la infancia se ven amenazados, y nuestras mentes entran en modo defensivo, convencidas de que sin esos patrones —desde el de mentiroso hasta el de deportista— no podríamos sobrevivir.

Una creencia esta que es totalmente incorrecta, ya que, como hemos podido ver en mi historia, aunque en un primer momento estas estrategias pueden ayudarte a aliviar el sufrimiento, en realidad lo que hacen es perpetuarlo, intensificando esa incómoda sensación de insatisfacción interna.

Esta ruptura de patrones es lo que estaba queriendo hacer precisamente conmigo el «cabroncete» de Carlos con sus «improvisadas» y atractivas conversaciones. Así, con cada pregunta enigmática, como «¿por qué practicas deporte?», «¿aceptas tu discapacidad?» o «¿realmente te hacen gracia los motes que te pones?», lo que estaba haciendo era sembrar miles de minas alrededor de todos mis personajes para que, cuando menos me lo esperara, algo o alguien le diera al interruptor y volaran todos por los putos aires.

Y así pasó que cuando Jasmin —esa novia de la que os hablé antes, que con el tiempo resultó no ser solo mi novia, sino «cada día la de más gente»— apareció en mi vida, no solo activó el interruptor, sino que lo hizo estallar por completo. Me quedé completamente solo ante el peligro, sin ninguno de los personajes que con tanto esmero había construido para protegerme, ni el graciosillo, ni el tipo duro ni, por supuesto, el deportista de élite. Todos fueron reducidos a cenizas, dejando al descubierto ese dolor interno que tanto me aterraba, y algo aún más desafiante: a mí mismo.

Aunque, si he de serte totalmente sincero, creo que lo que más me asustaba no era el dolor acumulado durante años, sino tener que enfrentarme a mi auténtica realidad, sin las máscaras que había utilizado para esconderlo. Así pues, como te decía al comienzo de este capítulo, lo que me llevó a pensar en quitarme la vida no fue un desamor, sino algo mucho más profundo y emocional.

La meditación como salvavidas

Cuando una persona se plantea quitarse la vida, no sé hasta qué punto es realmente consciente de lo que implica esa decisión, pero lo que sí te puedo decir —al menos en mi caso— es que ese pensamiento no genera dolor alguno, todo lo contrario. Durante los primeros segundos, sientes una inquietante y perturbadora paz. Y es justamente esa calma tan extraña lo que, en muchos casos, supongo que te empuja a ejecutar ese pensamiento intrusivo que nubla todo tu ser.

Esto te lo cuento porque, cuando estuve a un milisegundo de dar ese funesto paso, en ningún momento sentí sufrimiento. De hecho, estaba inmerso en una especie de nube oscura que me provocaba una sensación de desgana, apatía y vacío existencial tan profundos, que era como si ya estuviera muerto en vida.

Sin embargo, en contraste con esta sensación, hubo un momento en mi vida mucho más oscuro y doloroso, que considero el verdadero catalizador que me llevó a querer ponerle fin a todo para no volver a sentir algo tan... mmm... no sé ni cómo definirlo, pero a este momento lo llamo «la noche oscura».

Era una rara noche de verano extraña, y digo extraña porque cayó una pedazo tormenta que salió hasta en las noticias. Durante unas horas, mi pueblo se convirtió en la típica atracción acuática que hay en los parques de atracciones, y que simulan las aguas de un río embravecido.

No sé si era un mensaje del Divino para avisarme de lo que se me venía encima, o simplemente el resultado del cambio climático, pero lo que iba a experimentar por dentro ese día iba a estar tan al límite del desbordamiento como el agua que corría por las calles.

Mi relación con Jasmin ya había empezado a volverse bastante tóxica, y el miedo a la infidelidad siempre estaba presente. Eso, sumado a que ya la había pillado en más de un renuncio y me había confesado alguna que otra mentira, me tenía en un estado de alerta constante.

Lo que quiero contaros ahora no es tanto lo que ella hizo o dejó de hacer —sinceramente, no logro recordar todos los detalles con exactitud, y, tal como os contaré después, nunca sabré la verdad al completo—, sino lo que me pasó a mí ese día.

Si no recuerdo mal, ella me dijo que tendría que trabajar hasta la una de la madrugada, lo cual ya me parecía extraño considerando el tipo de trabajo que tenía. Por cierto, ¿sabéis cuál es el colmo de un calvo? Que su novia trabaje en una clínica de injertos capilares. Y sí, Jasmin trabajaba en una de las clínicas más famosas de trasplantes de pelo de Valencia. Lo cual me recuerda que, aunque no lo había mencionado antes, otro de los grandes obstáculos en nuestra relación era que ella vivía en Valencia y yo en Madrid, algo que también le facilitaba jugar a dos y a tres bandas.

El caso es que, por alguna razón, ese día no me había enviado ninguno de los mensajes cariñosos que solía mandarme, y no solo eso, mis mensajes tampoco le llegaban, como si tuviera el móvil apagado o en modo avión. Eso me puso muy nervioso, ya que no era la primera vez que sucedía, y mi mente comenzó a imaginar lo peor. Solo podía pensar que le estaban «dando duro contra el muro».

A cada minuto que pasaba, aquel pensamiento me hundía más y más en un pozo del que parecía imposible salir, y cuando llegó la temible hora de su supuesta salida del trabajo y seguía sin dar señales de vida, algo dentro de mí se rompió, y las emociones que hasta ese momento había intentado contener, comenzaron a desbordarse sin control.

Recuerdo estar tumbado en la cama y sentir un malestar y una angustia tan grandes que me costaba hasta respirar; me retorcía literalmente de tanto dolor. En ese momento os juro que pensaba que me iba a morir.

Cada pocos minutos me entraban ganas de vomitar o de cagar, como si mi cuerpo estuviera a punto de explotar y no tuviera ni idea de cómo detenerlo. Yo solo quería que Jasmin me respondiera, demostrándome así que todo había sido un malentendido, pero no lo hizo hasta casi las dos de la mañana, después de que yo le enviara mil mensajes desesperados en los que le hacía saber mi inquietud.

La conversación que mantuve con ella, vista desde una perspectiva más consciente y con un mayor entendimiento de cómo funciona la mente humana, fue un ejemplo de manipulación de manual. Como era de esperar, me dijo que se le había roto el móvil y que había tenido un día muy duro (tan duro como el pene del amante, para que nos entendamos). Y, por supuesto, no tardó en darle la vuelta a la tortilla, acusándome de agobiarla, pidiéndome que dejara de escribirle y finalmente colgando.

Aquello fue lo que acabó de rematar mi estado, pues, aunque yo no lo sabía, me estaba dando un ataque de ansiedad de la hostia, algo que jamás había experimentado antes. No tenía ni idea de lo que me estaba ocurriendo, y eso me generaba una angustia aún mayor, pues no entendía nada, y encima no sabía cómo pararlo.

Yo lo único que hacía era intentar aplicar las técnicas

de relajación que me había enseñado Carlos para tranquilizarme, pero por muchos numeritos que contara, era como intentar apagar un incendio con un vaso de agua: no funcionaba. Finalmente, después de pasarme horas dando vueltas en la cama, logré dormirme de puro agotamiento.

Por suerte para mí, al día siguiente tenía sesión con Carlos, y tras explicarle lo que me había ocurrido, me impartió una de las enseñanzas más poderosas que jamás he recibido: la diferencia entre dolor y sufrimiento.

Antes de llegar a esta lección de vida tan fundamental, Carlos me explicó que esa sensación de ansiedad tan intensa y el convencimiento de que me iba a morir eran producto de un error de etiquetado en mi mente. Es decir, cuando empecé a salir con Jasmin y se convirtió en «mi» novia, mi mente la etiquetó como «mía», identificándola automáticamente como una parte más de mi identidad.

¿Qué ocurre? Pues que, evidentemente, nadie pertenece a nadie, y en el momento en que su supuesta infidelidad llamó a mi puerta y la posibilidad de perderla se hizo cada vez más real, mi mente reaccionó como si estuviera perdiendo una parte de sí misma, desencadenando una crisis de ansiedad.

Sé que esto que os cuento posiblemente lo hayáis vivido todos, y que, por desgracia, tarde o temprano os tocará experimentarlo. Pero aún es más triste pensar que esto ocurre porque creemos que amamos profundamente a la otra persona, cuando resulta que la realidad es totalmente distinta.

Si yo hubiera amado a Jasmin de una manera pura y auténtica, esta crisis tan brutal jamás hubiera ocurrido. Ese miedo tan intenso a perderla que sentía era, en realidad, lo opuesto al verdadero amor.

Para mí, el amor de verdad no entiende de «mío» o «tuyo», y, sobre todo, no genera ansiedad; lo que te aporta es una sensación de atemporalidad y de unidad brutales, comúnmente conocida como paz. En mi caso, lo que yo estaba experimentando realmente no era amor, sino apego.

Y si te has leído algún que otro libro de esos de *coaching* barato, que hablan de «apegos seguros» o «buenos», y crees que tener un poquito de apego es positivo, perdona que te lo diga, pero estás igual de jodido. El apego es apego. Que sea más o menos disruptivo no cambia el hecho de que, ante una pérdida, vas a sufrir igualmente como un cabrón.

El verdadero reto aquí radica en no caer en el error —algo tremendamente difícil en esta sociedad capitalista— de identificarnos con elementos externos a nosotros mismos, como pueden ser una pareja, algún bien material o uno de esos personajes psicológicos de los que tanto hemos hablado.

También es importante recalcar que este comportamiento es completamente normal. Nuestras mentes, en su afán por protegernos del dolor y buscar esa plenitud y paz que experimentamos de bebés en el regazo de nuestras madres, tienden a aferrarse a cualquier cosa externa que brinde esa falsa, pero gratificante, sensación de seguridad y control.

El problema es que, cuando esa parte de nosotros se ve amenazada, el cerebro lo interpreta erróneamente como un peligro para su propia supervivencia. Y es precisamente por eso por lo que, cuando nos enfrentamos a un desamor, sentimos como si nos estuviéramos muriendo literalmente.

Comprender lo que me había ocurrido me aportó una verdadera y profunda tranquilidad. Sin embargo, una cosa es entender la teoría, y otra muy distinta es ponerla en práctica, porque la realidad era que yo seguía bastante jodido. Fue en ese momento cuando Carlos me explicó la diferencia entre dolor y sufrimiento, algo que resultó tremendamente significativo, ya que me procuró una sensación de control sobre mi problema.

Explicar este tipo de cosas tan intangibles no es nada fácil, porque las emociones no son como las tartas de queso, que, aparte de estar tremendamente ricas, las podemos ver y tocar; por eso voy a intentar explicarlo de la misma manera que lo hago para los adolescentes en mis conferencias.

Imagina que, por alguna razón del karma (esperemos que no), te caes y te partes la pierna en tres. ¿Qué es lo primero que sentirías? Un dolor tremendo, ¿no? Ahora imagina que ya te han atendido y estás en la cama del hospital con la pierna en cabestrillo, y comienzas a pensar: «Qué mala suerte, ¿por qué a mí?», «¿cuándo podré volver a caminar?», «¿y si no me recupero del todo?'»... Pasan los días y tú sigues ahí, erre que erre con ese runrún martirizante en la cabeza que no te deja ni dormir. ¿Cómo crees que se llama eso? Exacto, eso es sufrimiento.

La principal diferencia es que, aunque no lo creas, el dolor nos genera paz, y el sufrimiento nos genera ansiedad.

¿Y por qué algo tan desagradable como el dolor puede generar paz? Pues mira, desde el punto de vista psicológico, el dolor no deja de ser una respuesta natural e inevitable ante una experiencia física o emocional incómoda.

En el caso del dolor físico, el cerebro detecta un daño

en el cuerpo y envía señales de dolor como mecanismo de alerta para protegernos. Y con el dolor emocional sucede algo parecido: el cerebro reacciona ante una pérdida, una infidelidad o cualquier situación que amenaza nuestro bienestar emocional.

Este dolor, aunque desagradable, es una parte fundamental de nuestra humanidad y, paradójicamente, está muy conectado al amor, ya que ambos nos conectan a su vez a lo único que realmente tenemos, el presente, haciendo que seamos conscientes de lo que estamos experimentando en ese momento.

Por otro lado, el sufrimiento se produce cuando la mente se aferra a pensamientos negativos, creando una narrativa interna que amplifica el dolor inicial.

Mientras el dolor es una respuesta fisiológica o emocional que ocurre en el presente, el sufrimiento es el resultado de la interpretación que nuestra mente hace del dolor. La mente comienza a proyectar miedos hacia el futuro («¿y si nunca me recupero?»), culpas hacia el pasado («¿por qué hice aquello?»), y generaliza el malestar («siempre me pasa a mí»).

Este ciclo mental provoca ansiedad y angustia porque nos aleja del presente, haciéndonos revivir una y otra vez el malestar. Como si todo el rato nos estuviéramos rompiendo la pierna, o en mi caso, Jasmin me estuviera poniendo los cuernos a todas horas.

Esta parrafada teórica sobre el dolor y el sufrimiento está muy bien, y cuando Carlos me la contó me pareció superinteresante. Pero la verdad era que seguía la mar de jodido, sufriendo porque la que hasta entonces había sido mi novia se estaba convirtiendo en una especie de jeque árabe femenino que contaba con un harén cada vez más grande de hombres, en el que yo solo ocupaba un puesto más.

Pero... aquí es donde el cabroncete de Carlos me soltó algo que, además de romperme el cerebro, me dio la clave para dejar de sufrir:

«David, el dolor es inevitable, porque es lo que te hace humano, pero puedes dejar de sufrir. Y para eso, lo único que tienes que hacer es decirlo y hacerlo».

Por supuesto, la primera vez que escuché eso, pensé: «¿Este tío es tonto, o qué? ¿Se cree que sufro por gusto?». Pero, en cierta manera, tenía razón. Sufrir era una elección, y aunque es difícil, tenemos la capacidad de aprender a gestionar ese sufrimiento, relacionándonos de manera diferente con los pensamientos que surgen a raíz del dolor.

De todo esto nace la famosa frase «No es lo que te ocurre, sino cómo "cojones" lo interpretas» (lo de «cojones» lo he añadido yo porque me apetecía, y hacía mucho que no metía un taco gratuito).

Quizá eso de que «sufrimos porque queremos» sea difícil de digerir, pero te pido que, aunque no creas en ello —lo cual es completamente respetable—, por un momento consideres la posibilidad de que sea cierto. Una vez que te pongas en esta situación hipotética, quiero que te hagas la siguiente pregunta: «¿Cómo narices puedo dejar de sufrir?».

Mientras lo piensas, te contaré lo que la gente suele decir y hacer en estos casos. Por ejemplo, algo que escucho mucho es que cuando alguien está mal, se lanza a hacer deporte. Otros, por el contrario, asaltan el frigorífico y se comen todo lo que encuentran. También están los que recurren a la bebida o, como te conté antes, los que le dan al manubrio para calmar ese sufrimiento.

Pero con todo lo que te he contado hasta ahora, ¿crees realmente que eso evita el sufrimiento? Según mi experiencia y mi opinión, no. Lo único que hacen estas conductas es taparlo y ponerle un buen parche.

Y el peligro de tapar el sufrimiento es que, en cualquier momento, te puede llegar una «Jasmin», un despido o una pérdida, y de repente todo tu chiringuito se va a tomar por culo. Entonces es cuando quizá te plantees, como hice yo, que tu vida no tiene sentido.

Por suerte para mí, Carlos no solo se dedicó a desmantelar todos los personajes y patrones negativos que yo arrastraba, sino que también me enseñó a adoptar otras conductas mucho más positivas. Y cuando toqué fondo en el pozo que yo mismo había cavado con tanto esmero, estas herramientas me ayudaron a salir. Sin duda alguna, la herramienta que puedo decir que me salvó la vida fue la meditación.

La gran diferencia que encontré en la meditación, comparada con el resto de las técnicas, como el deporte, el sexo, o una necesidad imperiosa de querer gustar a la gente, era que en vez de huir del dolor, cada vez que te sentabas y cerrabas los ojos, te dabas de bruces con él, y también lo hacías con algo a veces mucho más inquietante: contigo mismo.

Como bien sabéis, este libro no es de meditación, ya existen numerosas publicaciones como *El libro del mindfulness* de Bhante Henepola Gunaratana que lo explican mucho mejor de lo que yo podría hacerlo, de modo que si os interesa, no dudéis en leerlas y/o buscar algún centro donde enseñen a meditar, pero lo que sí quiero contar es que tras este dramático episodio de mi primer ataque de ansiedad, en la meditación encontré el salvavidas necesario para reformular todos esos pensamientos intrusivos y comenzar a construir por primera vez en mi vida otro «personaje» mucho más alineado con la realidad.

La conversación que lo cambiaría todo

Seguramente has escuchado alguna vez que, para tener una vida plena, hay tres cosas que debes hacer antes de morir: plantar un árbol, escribir un libro y tener un hijo. Sinceramente, no sé quién fue el genio que estableció estas tres acciones como hitos de la vida, pero, en mi opinión, no me parecen nada extraordinarias. Son cosas al alcance de cualquiera y no requieren un gran esfuerzo, que digamos. O al menos no hoy en día, porque para una que parecía complicada, como escribir un libro, ahora, con la aparición de ChatGPT, hasta el más tonto puede tener su propia trilogía.

Seguro que si eres padre o madre estarás pensando que tener un hijo es muy complicado. Pero siento decirte que «tenerlo» en sí no es lo difícil, ya que, al igual que plantar un árbol, básicamente consiste en poner la semilla dentro del agujero. Lo verdaderamente complicado es criarlo y educarlo bien, algo de lo que, curiosamente, esta famosa frase no dice nada en absoluto. Así que, en mi opinión, sigue siendo un hito bastante simple y banal.

Mira que a mi ego le encanta eso de dar lecciones, pero en este caso no me siento con la autoridad ni las ganas de reescribir esta frase y decirte cuáles deberían de ser los grandes logros de tu vida. Pero sí puedo decirte que, incluso habiendo alcanzado uno de esos logros, como el de escribir un libro, tampoco ha supuesto, ni creo que suponga jamás, un gran cambio en mi vida. Más allá de a partir de ahora podré usar aquella famosa y divertida frase que dice: «Yo he venido aquí a hablar de mi libro».

En cambio, hubo algo que, aunque a simple vista pueda parecer simple y cotidiano, como una conversación, sin duda sí marcó el rumbo de mi vida. Esta charla me permitió dejar atrás por primera vez todos esos personajes de los que hemos hablado a lo largo de este libro y comenzar a ser yo mismo.

La conversación con la que vamos a poner punto final a este libro fue precisamente la que surgió tras la tormenta que desencadenó Jasmin en mi vida. Y, aunque suene poético, la protagonista de esa charla es la misma con la que comenzamos esta historia: mi madre.

Antes de contarte cómo se desarrolló esta profunda y sincera conversación, necesito hablarte un poco más de mi historia con Jasmin. De lo contrario, podría parecer que esta debacle emocional se debió únicamente a unos simples cuernos, y aunque es cierto que sumaron bastante al caos, fueron solo una pequeña parte de esta peculiar historia de amor.

Como te conté en el capítulo anterior, donde el protagonista era mi carismático y querido pene, desde que descubrí mi capacidad para ligar me pasé varios años yendo de flor en flor, aumentando así mi ya de por sí extenso CV amoroso.

Esta búsqueda incesante de nuevas conquistas no tenía como objetivo descubrirme a mí mismo, sino que simplemente respondía a mi incapacidad emocional para vincularme con alguien.

Lo único que buscaba en ese momento era conectarme con todas las féminas que pudiera al estilo Avatar, solo que mientras Sully y compañía lo hacían con la coleta, yo lo hacía con el rabo. Eso sí, en el momento en que mi mente detectaba el más mínimo riesgo de ser rechazado o de que se generase cualquier tipo de conflicto amoroso, esa chica era automáticamente destituida, y su plaza quedaba libre para ser ocupada por alguna «tindereña» que cumpliera con mis escuetos filtros de selección.

Es importante recordar, puesto que ya se comentó en los primeros capítulos del libro y posiblemente haya quedado en el olvido, que este hermetismo afectivo que mantenía con las mujeres estaba directamente vinculado al bloqueo emocional que sufría, en aquel momento, con mis padres, concretamente con mi madre, no sin que yo fuera capaz de sentir ni un ápice de amor o aprecio por ellos.

En este peculiar contexto emocional irrumpió la exótica, despampanante y arrolladora Jasmin. Y cuando digo exótica, no me refiero a que fuera de Valencia y su carismático «tete» la hiciera destacar, sino a que era de Armenia. Este detalle es muy importante en esta historia, no solo para entender su impresionante belleza arábiga, sino también para comprender cómo la cultura de sus padres chocó fuertemente con mi discapacidad, pero eso te lo contaré un poco más adelante.

Jasmin y yo nos conocimos a través de Instagram, y para quienes no me conocieran en aquella época, debo decir que mi perfil era el de un auténtico mojabragas. ¿Y eso por qué? Muy sencillo: además de aparecer semidesnudo en la mayoría de las fotos, debido a que trabajaba en la piscina, casi siempre salía acompañado de niños con algún tipo de discapacidad. Para cualquier persona sensible, este hecho resultaba altamente atractivo, y con poco que hiciera era capaz de llamar la atención de cualquiera.

Sin comerlo ni beberlo, tras un par de semanas de intensas conversaciones por WhatsApp, terminé yendo a las Fallas de Valencia para conocerla. Más allá de contaros qué pasó allí, que no creo que aporte mucho más que satisfacer vuestra curiosidad por el salseo, lo que realmente recuerdo es que, en el viaje de vuelta a Madrid, ya sentía que algo extraño había ocurrido.

La conexión que sentí con Jasmin iba mucho más allá del típico enamoramiento con el que pierdes el raciocinio durante unos cuantos meses y no sabes ni dónde tienes la cabeza. Esto era algo totalmente distinto. Cada vez que estábamos juntos, era como si cada célula de nuestros cuerpos se fusionara, y dejáramos de ser dos individuos separados para convertirnos en uno solo.

Supongo que de ahí viene la falsa creencia de que andamos por la vida siendo mitades de un todo incompleto, esperando que en algún lugar del mundo haya una media naranja destinada a completarnos.

Lo que experimentaba cuando estaba con ella no era solo atracción física o emocional; era una paz profunda y embriagadora que serenaba mi mente por completo, dejando espacio para algo de lo que pocas veces había disfrutado a causa del constante ruido mental que arrastraba: el silencio.

Un claro ejemplo de esto que digo lo tenéis en lo que me sucedía cuando dormía abrazado a ella. Os juro que nunca he vuelto a dormir tan profundamente como lo hacía a su lado; era como si mi cerebro, siempre en estado de alerta, finalmente pudiera desconectarse y descansar por completo, algo que solo he vuelto a experimentar a través de la meditación.

A esto tan raro y misterioso que estaba sintiendo se le llama **sentimiento de unidad**. Un estado de consciencia en el que te sientes totalmente conectado no solo con la otra persona, sino contigo mismo y, más importante todavía, con el momento presente.

Esta experiencia era tan intensa que se volvió altamente adictiva, hasta el punto de que nos pasamos más de seis meses recorriendo más de 250 kilómetros todos los fines de semana para vernos. Además, no solo era adictiva, también era altamente peligrosa, ya que te infunde la falsa creencia de que este tipo de conexión solo puedes experimentarla a través de otra persona.

No sé si lo recordáis, pero este sentimiento de unidad no era la primera vez que lo experimentaba. Aunque por aquel entonces no era consciente, yo ya lo había vivido cuando era pequeño, en el patio del colegio. Tal como os conté en el primer capítulo de esta segunda parte, sentí una conexión tan plena, tanto conmigo mismo como con todo lo que me rodeaba, que me resultaba imposible describirla con palabras, y eso es lo que me hizo pasarme toda la vida buscando volver a sentir aquella sensación tan sumamente placentera.

La gran diferencia entre ambos momentos es que en la primera ocasión no necesité a nadie para alcanzar ese estado; en cambio, en la segunda, sí. Lo cual me llevó a preguntarme lo siguiente: «¿Esta sensación me la aportan los demás, o ya está dentro de mí?».

Y entonces fue cuando aprendí algo que me voló la cabeza: siempre pensamos que en la vida conectamos con los demás, pero en realidad no es exactamente así. Lo que sucede es que conectamos con nosotros mismos a través de las emociones que los demás nos hacen sentir.

Por ejemplo, si alguna vez has estado en un grupo de terapia, sabrás que los momentos más duros no suelen darse cuando compartes tus propias mierdecillas emocionales, sino cuando las comparten los demás. ¿Por qué ocurre esto? Porque cuando los demás comparten sus experiencias más desgarradoras, resuenan de forma directa en tu propio dolor, abriendo heridas que creías cerradas y a las que muchas veces no eres capaz de llegar por ti mismo. El dolor ajeno, en ese sentido, actúa como un catalizador que nos obliga a afrontar nuestras emociones más oscuras y/o ocultas.

Y eso fue exactamente lo que me ocurrió con Jasmin. No solo me hizo conectar con la sensación más hermosa que un ser humano puede experimentar, sino que también me enfrentó de lleno a todas las carencias emocionales que me había pasado años intentando ocultar tras la construcción de mis ya famosos personajes psicológicos. Estos personajes, que estaban bastante debilitados gracias al trabajo que había hecho con Carlos, terminaron por desmoronarse por completo con la llegada de Jasmin.

Es importante mencionar que Jasmin no era más que un reflejo, quizá un poco más histriónico, de mis propias carencias y sombras. Al igual que yo, había tenido una infancia algo complicada que la llevó a desarrollar diferentes conductas defensivas basadas en manipular la percepción que los demás tenían de ella, todo con el fin de obtener su validación y, en última instancia, el amor que no había recibido o percibido de sus padres.

Ahora bien, tengo que reconocer, y no es por ningún rencor pasado, que ella estaba un pelín peor que yo. Como ya os adelanté, al final descubrí que llevaba una doble vida amorosa. Y si he de ser del todo sincero, te diré que no solo había una segunda relación, sino también una tercera, y hasta, si me apuras, una cuarta; de ahí mi graciosa y a la vez dolorosa frase: «No era solo mi novia, sino cada día la de más gente».

Al descubriros su faceta poliamorosa, quizá penséis que eso sucedió porque no me quería. Y, aunque puede que sea por autoconvencimiento, realmente creo que sí me amaba. Lo que pasa es que, al igual que ella sacaba a la luz todas mis mierdas, yo también reflejaba las suyas, y lo hacía a nivel Dios.

Como ya os he dejado caer antes, mi discapacidad supuso un gran escollo para nuestra relación, y no solo porque a sus padres no les hiciera ni puta gracia que su querida hija estuviera con un «tullido», sino también porque ella lo veía como un freno a sus expectativas de vida.

Nunca olvidaré el malestar que sentía siempre que ella me preguntaba si, cuando nos casáramos, sería capaz de llevarla en brazos la noche de bodas o si podría cargar a nuestros hijos a caballito. Esos comentarios me dolían profundamente, porque me obligaban a afrontar una parte de mí que llevaba años intentando anular: mi discapacidad.

Su rechazo hacia mi discapacidad se volvió tan evidente que, cada vez que nos encontrábamos con alguien que la conocía, jamás me presentaba como su pareja. En lugar de enfadarme u ofenderme, lo que comencé a sentir fue una curiosa —y, en el fondo, bastante molesta— empatía hacia ella.

Porque, ¿cómo iba a juzgar a alguien por no aceptar mi discapacidad, cuando yo en el fondo, tampoco lo hacía?

Buááá, ser consciente de ello supuso el primer paso hacia la debacle de toda la parafernalia que había montado a mi alrededor. Porque aunque me pasara la vida diciéndole al mundo que era un tipo fuerte, que me daba igual lo que pensara la gente, que era superfeliz y que amaba mi discapacidad, lo cierto es que todo era... MENTIRA.

Ni era fuerte, ni me daba igual que la gente se riera de mí, ni, por supuesto, aceptaba mi discapacidad. Estaba roto por dentro, tan roto que ni siquiera quería a mis propios padres, porque su forma de ver mi discapacidad como un problema me hacía tanto daño que debía bloquearlo.

Y ese era mi verdadero problema, que no me aceptaba. Mi mente no podía, ni quería, aceptar algo que es y será parte de mí para siempre, mi discapacidad.

Lo que no entiendo es cómo no me di cuenta antes, porque había varios indicadores que me lo estaban queriendo decir a gritos. Por ejemplo, me di cuenta de que no era capaz de mirarme mientras caminaba. Cuando pasaba por algún espejo o veía mi reflejo en los escaparates de las tiendas, giraba la cabeza rápidamente para no verlo. Y algo aún más curioso es que en mis sueños siempre caminaba recto, ¡sí, recto! ¿Qué fuerte, eh? Lo que hace nuestra mente para alejarnos del dolor, ¡es flipante!

Aunque pueda sonar paradójico, aceptar que no me aceptaba me proporcionó la mayor libertad que he sentido en mi vida. ¿Por qué digo esto? Porque, por primera vez, fui capaz de cortar las hombreras de esa pesada mochila en la que cargaba decenas de personajes y apariencias que tanto me lastraban y no me permitían ser yo mismo.

Esta aceptación repentina, como es lógico, no fue nada fácil, y trajo consigo una serie de revelaciones que me obligaron, inevitablemente, a tomar cartas en el asunto.

Una de esas revelaciones fue darme cuenta de que lo que realmente me dolía de la ruptura con mi amada Jasmin no era que me hubiera rechazado o cambiado por otro. El verdadero dolor venía de algo mucho más profundo, y era que su rechazo me conectaba con el rechazo que yo había sentido en mis propios padres cuando era pequeño.

Y ahora sí, esto nos lleva a la conversación más bonita que he tenido con mi madre y que marcaría un punto de inflexión en mi vida. A partir de ese momento dejaría de ser una especie de pelota humana a la que la vida golpeaba a su antojo en cualquier dirección, para tomar el control de mi vida y responsabilizarme de todas mis mierdas, con el objetivo de ser un poquito mejor cada día y aprender a amarme tanto como me gustaría que me amaran.

Tengo que decir que esta conversación era uno de esos deberes pendientes que Carlos me había puesto con tanta perseverancia, pero, por una u otra razón, nunca llegaba a darse. Bueno, la verdad es que no ocurría porque me daba un miedo que te cagas. Sin embargo, tras la crisis que trajo consigo lo de Jasmin, sentí la necesidad imperiosa de tener esa conversación con mi madre.

Por cierto, aunque no os lo creáis, meses después de la ruptura con Jasmin hablé con ella y le di las gracias por todo lo que me había enseñado, y por introducir en mi vida cosas tan significativas como el placentero —y a menudo desconocido para los varones— sexo anal, entre otras.

Y después de este dato totalmente gratuito pero que tanta gracia me hace, te voy a contar el resumen de esta determinante conversación.

Lo más importante de esta conversación fue o el «qué», más que el «cómo». Porque por primera vez, en nuestra relación madre-hijo, fui capaz de compartir mi perspectiva de cómo viví ciertas cosas, sin juzgarla ni reprocharle nada. Y eso fue algo sumamente difícil teniendo en cuenta lo rencorosos que solemos ser.

Otro punto de esta charla que merece ser destacado fue que, a diferencia de otras veces, no buscaba ninguna reacción en ella, es decir, no pretendía cambiarla. Simplemente quería sentar un precedente en nuestra, hasta entonces, complicada interacción maternofilial, y demostrarnos que éramos capaces de compartir nuestros pensamientos y emociones sin castigar al otro, con el fin de construir un vínculo más sano y empático.

Todo ello, unido, hizo que fuera una de las experiencias más emocionantes que he tenido en mi vida. Por supuesto, después de esa intensa hora de charla, nos dimos uno de los abrazos más sinceros que me he dado nunca con mi madre. ¡Fue increíble! De verdad os lo recomiendo si no lo habéis hecho ya. Porque a diferencia de escribir un libro, tener un hijo o plantar un árbol, esta experiencia sí que es algo sumamente significativo para la vida de cualquiera.

Dando color a mi vida

Aceptar que no me aceptaba y sanar la relación tóxica que tenía con mis padres cambió radicalmente mi vida, pues me hizo comprender que ser diferente no era algo negativo, sino que era lo normal. Eso hizo que, de repente, todo a mi alrededor, que hasta ese momento parecía estar envuelto en nubes fúnebres y en una opaca oscuridad, comenzara a verse como en el mundo hipercolorido y feliz de los *teletubbies*; solo me faltaba aquel sol siniestro con cara de bebé encantador.

Lo más sorprendente de todo fue la paz interior que comencé a sentir en mi mente, ya que todos esos personajes que había creado para sobrevivir, como el malote, el graciosillo, el deportista, incluso el emprendedor, acababan de ser incinerados. A partir de entonces, esa constante necesidad de validación externa simplemente se desvaneció. Y todo comenzó a fluir de una manera mucho más auténtica y satisfactoria.

Incluso Pegasus, un proyecto que en su momento nació de mi necesidad inconsciente de crear un entorno en el que yo pudiera ser aceptado y ser guay, se transformó en algo mucho más grande y puro. Pasó de ser mi refugio a convertirse en una fuente de apoyo y acompañamiento para cientos, y por qué no decirlo, miles de personas que, al igual que yo, en algún momento de sus vidas se han sentido perdidas, incompletas o desconectadas de sí mismas.

Lo increíble es que Pegasus se ha convertido en un espacio donde no se trata de buscar aceptación externa, sino de acompañar a otros en esos momentos de incertidumbre, dándoles la mano para caminar juntos en ese complicado pero apasionante viaje que es la vida. He aprendido que, al sanar por dentro, creamos espacios en los que otros también pueden sanar. Y esa quizá sea la lección más profunda que he extraído: que, al aceptar nuestras sombras, nuestras heridas, no solo nos transformamos a nosotros mismos, sino que ayudamos a transformar el mundo que nos rodea.

Aunque me da mucha pena despedirme, y sé que me he dejado muchas aventuras sin contar por el camino, tengo que decirte, querido amigo o amiga, que este libro está llegando a su fin. Sé que, al igual que yo, tienes que estar supertriste, porque hemos creado un vínculo tan guapo que es muy difícil de igualar.

Pero, además de tener la posibilidad de seguir interactuando conmigo por Instagram (si no me estás siguiendo ya, no sé a qué esperas: @lomionoesnormal), te diré que, al igual que aprendí de manera tortuosa con Jasmin, a continuación quiero recordarte algo superimportante.

Y es que, a veces, aunque no lo sepamos o nos cueste aceptarlo, por mucho que pensemos que nos faltan cosas —como en mi caso era la capacidad de caminar de manera normotípica, o en tu caso quizá sea ese trabajo de ensueño o la pareja que te han dicho que necesitas para ser feliz—, no te dejes engañar, no necesitas nada de eso.

Nuestras mentes, como has podido ver y comprobar a lo largo del libro, a veces son muy cabronas y tienden a centrarse en lo negativo y en lo que teóricamente nos falta, pero la realidad es otra totalmente distinta. Y quiero que te grabes a fuego en tu cabeza el siguiente aprendizaje, y si hace falta, que lo pintes en la pared de la cocina para que lo veas todos los días, pero sobre todo necesito que recuerdes que lo tenemos todo para lograr lo más importante, que es ser FELICES.

Y esto es precisamente lo que he intentado transmitirte de manera camuflada a lo largo de estas líneas. Que, por muy diferentes que seamos por fuera, o aunque tengamos vidas totalmente opuestas, por dentro somos exactamente iguales. Todos tenemos miedo, y, lo más importante, todos somos AMOR.

Qué romanticón me he puesto ¿no? Me dan ganas de decir alguna barbaridad de las mías para equilibrar las cosas, pero por esta vez me voy a contener, porque creo que de esas ya ha habido muchas en este libro.

Así que solo me queda despedirme y recordarte, por si todavía no te ha quedado claro, que «lo mío no es nada normal, pero lo tuyo tampoco». Y eso es lo bonito. Vamos a escarbar en nosotros, a encontrar aquello que nos hace únicos y especiales, y a comernos el mundo. Porque lo único que nos lo impide es el miedo. Y porque ser diferente, o como yo digo, ser anormal, ¡es la HOSTIA!

¡¡¡Nossssss vemossssss!!! ¡¡¡Únete al *flowwwwww*!!!